葉靈鳳百二年

藏書票・日記本・文藝往事

吳邦謀 著

商務印書館

責任編輯　林雪伶　朱嘉敏
裝幀設計　Sands Design Workshop
排　　版　周　榮
印　　務　龍寶祺

葉靈鳳百二年 —— 藏書票・日記本・文藝往事

作　　者　吳邦謀
出　　版　商務印書館（香港）有限公司
　　　　　香港筲箕灣耀興道 3 號東滙廣場 8 樓
　　　　　http://www.commercialpress.com.hk
發　　行　香港聯合書刊物流有限公司
　　　　　香港新界荃灣德士古道 220－248 號荃灣工業中心 16 樓
印　　刷　金杯印刷有限公司
　　　　　九龍觀塘海濱道 177 號海裕工業中心 6 樓
版　　次　2025 年 7 月第 1 版第 1 次印刷

　　　　　ISBN 978 962 07 4727 4
　　　　　ISBN 978 962 07 4754 0（精裝）
　　　　　Printed in China

序一

「回歸上海 —— 葉靈鳳先生誕辰 120 周年紀念展」5 月 10 日在滬舉行，本港研究葉靈鳳的多位學者作家及葉氏家人應邀前往出席開幕禮，吳邦謀兄是其中之一。行前，邦謀告知，七月香港書展商務印書館將會出版他的新書《葉靈鳳百二年》，囑我寫一序言。邦謀兄長期熱中收藏與先父有關的資料文物，發表過不少文章，對近年研究葉靈鳳熱潮的出現起到重要推動作用，寫序之事又焉有不從命之理。

吳邦謀之於研究葉靈鳳，是有點「與眾不同」以至別具一格的，他的研究不是從閱讀鑽研大量文學作品或史料掌故入手，而是着眼於從一些實物舊物找尋線索，然後抽絲剝繭般追查下去，直到有所發現為止。而這些發現，未必是甚麼重大事情或重要資料，甚至可能只是一個細微的枝節，但往往正是一個細微枝節，卻可以令一些重大事情變得更為清晰和充實，增加了其可信度和重要性，正是「見微知著」，小小研究成果也具有非凡意義。

收錄在《葉靈鳳百二年》中的一篇文章〈藏書票與葉靈鳳〉，正正就是一個例子。

被稱為中國藏書票第一人的葉靈鳳，是由上世紀 1933 年開始對這一新事物發生興趣的，起源是在當時上海的內山書店廣告上看到一本《藏書票之話》，作者齋藤昌三，葉便託內山老闆代為訂購一冊，不久卻收到齋藤先生的贈書及來信，鼓勵葉發展這一興趣，並介紹當時的日本藏書票協會會長小塚省治給葉認識，此後葉自製了《靈鳳藏書》藏書票，與小塚先生開始交換，不久就換來了大批日本藏書票，以至巴金先生、施蟄存先生等友人專門到葉家去觀賞。

這些事情，相關研究包括葉靈鳳自己的文章中都已有詳細記載，但吳邦謀卻在這一事中作出了一個看似微小、但卻具有頗大重要性的貢獻。

2021 年 12 月間，吳邦謀在一個「網拍」上看到有一項拍賣品，是一個信封，且起拍價甚便宜，僅是港幣 100 元，但仔細一看，信封貼有日本郵票，是昭和八年、即 1933 年寄到中國的，寄信人是兵庫縣的「小塚家文庫」，而收信者不是別人，正是上海現代書局編輯部的葉靈鳳先生！

顯而易見，這就是葉靈鳳當年與日本藏書票界交流的實物佐證。

結果，為了確保不被別人捷足先登，吳邦謀一出價就以四位數字拍下了這個原本只叫售 100 元的「舊信封」，而且想方設法令郵戳上模糊的日期重現，根據其他資料追查到發信人確實就是小塚省治當年的地址，可信無疑。

因此，盡管有些收藏界人士頗有微言，指責「吳邦謀把東西都買貴了」，但最少從搜購、保存葉靈鳳相關資料文物這一角度而言，葉家人是要感謝他的。

葉中敏

（葉靈鳳女兒）

2025 年 5 月 29 日

序二

葉靈鳳是中國現代著名作家、畫家、編輯家、翻譯家、藏書家，早在民國年間的上海，他獨具一格的小說和小品就已風靡一時，成為海派文學的代表作家。定居香港幾十年，他書寫香港的山川草木，追溯香港的前世今生，開創了香港研究的先河，為香港留下了豐厚的文化遺產。2025 年是葉靈鳳先生誕辰 120 周年、逝世 50 周年，內地和香港出版了多種葉靈鳳研究著作以及他的舊著的重刊和新編。這是對葉靈鳳先生最好的紀念，也充分說明他的作品具有極強的生命力，值得一代又一代人品味研讀。

前不久，香港著名收藏家吳邦謀先生告知，他的大著《葉靈鳳百二年》即將由香港商務印書館出版，知此訊息，分外欣喜，這又是敬獻於葉靈鳳先生百二冥誕的一份絕好禮物。拜讀一部分樣章之後，感覺這是收藏與研究完美結合的一本好書，更是增添了早日捧讀新書、一睹為快的期待。

我研究葉靈鳳多年，去年在香港出版了《葉靈鳳新傳》一書。研究過程使我深深體會到：所謂研究，最關鍵的還是史料的佔有。可以說，史料的多寡決定了真相與全貌的成色。葉靈鳳跨越時空地域的人生經歷，使得他的生平資料和舊日文章非常難於搜尋，即使喜歡他研究他的人很多，也因受限於史料而只能局促於管中窺豹。

在這方面，吳邦謀先生作為大收藏家，優勢自不待言。香港方面的文物資料他自然得天獨厚，上海時期的舊書舊刊，他亦能「長臂管轄」，這是他能夠成功的基礎，也是令吾等豔羨不已的美事。

我於去年香港書展期間有幸與吳先生同台分享葉靈鳳，今年又在上海一同出席葉靈鳳先生紀念活動，儘管我不大聽得懂他的粵語，但好像絲毫不影響我們的快意交流。吳先生雖然是個大藏家，但絕不似有的藏家那樣，懷揣寶玉，秘不示人。他有幸收藏葉靈鳳發表在《學生雜誌》的處女作《故鄉行》，便曾慷慨地給我分享。我在編輯葉靈鳳文集過程中，他也給予我無私的幫助。這一點，真好似得了葉靈鳳的真傳。葉先生本身就是一位大藏書家，但他的淵博收藏，在世時就對許多需要者開放，身後家人又遵照他的遺願，盡數捐獻給國家和大學圖書館。藏而能用，藏而不私，僅憑這一點，葉靈鳳也是一個值得後人紀念學習的人。而葉家後人，至今還在將陸續發現的葉先生藏品捐出，更體現了淡泊對世、善心對人的家風與家傳。

吳邦謀先生囑我為大著作序，我連呼豈敢豈敢。盛意難違，謹書數語，藉以表達對葉靈鳳先生的緬懷之情，和對吳先生大著出版的祝賀之意。

李廣宇

葉靈鳳研究專家、作家

自序

葉靈鳳（1905–1975）原名葉蘊璞，1905 年 5 月 12 月（乙巳年四月初九）出生於江蘇省南京市，筆名眾多，包括：葉林豐、林豐、霜崖、白門秋生、秋生、亞靈、南村、南冠、柿堂、魚樓、燕樓、香客、龍隱、佐木華、秦靜聞、座上客、任訶、任柯、林風、臨風、任風、風、豐、鳳、鳳兮等。葉靈鳳是中國現代著名作家、掌故家、畫家、編輯家、翻譯家和藏書家。

適逢 2025 年是葉靈鳳的 120 歲誕辰，及逝世 50 周年的日子，筆者特意蒐集數百件有關他的珍貴藏品，包括早期著作的初版、簽名本、報刊雜誌、原刊小說、掌故文本及照片等，以紀念葉靈鳳先生，並向讀者展示他的文學創作和掌故研究，探討他與香港之間的淵源及鮮為人知的故事。書內藏品部分屬稀有，部分是首次曝光，其中包括：

1. 1925 年 3 月，葉靈鳳首篇散文〈故鄉行〉，連載於上海《學生雜誌》。
2. 1927 年 5 月，葉靈鳳最早的小說集《女媧氏之遺孽》，由上海光華書局出版。

3. 1927 年 9 月，葉靈鳳最早的散文集《白葉雜記》毛邊本初版，由上海光華書局出版。
4. 1933 年 6 月 9 日，日本藏票家小塚省治郵寄給葉靈鳳的實寄封。
5. 1933 年 11 月，葉靈鳳設計的「靈鳳藏書票」，該藏書票貼於他在上海的外文藏書《詼諧故事集》。
6. 1944 年 9 月 1 日，香港華僑日報社出版部出版的初版《山城雨景》日佔時期書籍，葉靈鳳撰序，戴望舒寫跋。
7. 1963 年 10 月，葉靈鳳《文藝隨筆》簽贈本，親筆簽贈著名收藏家黃俊東先生。
8. 1969 年，霜崖（葉靈鳳筆名）的《北窗讀書錄》簽贈本，親筆簽上「敬贈羅漫兄」。
9. 1974 年 3 月，葉靈鳳最後出版的書籍《故事的花束》，由萬葉出版社出版。
10. 1974 年 6 月，葉靈鳳最後的散文〈記憶的花束〉，發表於《海洋文藝》雙月刊第一卷第二期。

自 1938 年，葉靈鳳來港開始了其文化人生的下半場，他沒有停留於滬鄉情懷，而是積極擁抱這片香江的新文化土壤。他從小說創作轉向掌故研究，從文學革命轉向文化建設。憑着其豐富藏品，在文章中大量徵引古代珍本、外國書刊、政府文獻、科學著作等資料，《香港方物志》便是他來港後的代表作，將方物的嚴謹與文學的靈動完美結合，開創了香港地方書寫的新範式，我們看到的不僅是對香港自然風物的記錄，更是一種文化認同的轉變。

今次新書《葉靈鳳百二年 —— 藏書票・日記本・文藝往事》能夠出版，有賴葉靈鳳家屬的協助，特別是其女兒葉中敏女士的鼎力支持及賜序，筆者在此致以衷心感謝。李廣宇先生的慷慨賜序，令拙作蓬蓽生輝。至於新書的封面，獲得香港藏書票協會會長熊美儀女士的同意，選用了其先夫亦是香港藏書票協會創會會長余元康大師的墨寶「葉靈鳳刻像」，實令新書生色不少，不勝感激！新書《葉靈鳳百二年 —— 藏書票・日記本・文藝往事》能順利出版，有賴商務印書館總編輯毛永波先生和執行編輯林雪伶小姐及團隊的協助及幫忙，謹此致謝。最後感激愛妻及女兒的包容及支持，令筆者可以順利完成這本拙作。承蒙各位學者、前輩、讀者及朋友的厚愛及支持，書中若有任何謬誤或遺漏之處，尚祈各位不吝指正。

吳邦謀

2025 年 5 月 5 日

前言

筆者首次認識葉靈鳳先生的名字是在八十年代末，當時在書店看到一本作者署名葉靈鳳的袋裝書《香港的失落》，為滿足求知慾於是購下閱讀。看到作者的簡介及近照，知道葉靈鳳是一名南來文人，原名是葉蘊璞，籍貫江蘇南京，中國現代作家，於 1938 年南下香港。《香港的失落》收錄香港開埠初期、鴉片戰爭、九龍寨城、宋皇臺及租借新界等歷史，解開香港的「失落之謎」。

雖然葉靈鳳不是歷史學家出身，但從他的文筆中盡顯尋求史實的態度，並徵引中外藏書及文獻資料，從而探索事件的真相，且見解獨特，有些更是第一手的資料，頗為難得。葉靈鳳的文章饒有生趣，非常吸引，其中有數篇關於九龍寨城主權及宋皇臺的文章，正正解答九龍寨城的誕生由來，訴說宋皇臺的掌故。自此之後，筆者特別關注葉靈鳳的作品及收藏他的著作和報章雜誌，包括前期他在上海的小說、散文及翻譯，以及在香港的掌故、方物及歷史等書籍，可謂踏上研究葉靈鳳之路。

目　錄

第一章

文藝青年的誕生與上海時期（1905－1927）

葉靈鳳的名字由來

出生自江蘇南京的葉靈鳳（1905−1975），原名葉蘊璞，葉靈鳳是他最早期及最常用的筆名，不認識這個名字的人，會誤以為葉靈鳳是一名女性，這名南來的文人筆名不選龍、不用虎，卻改鳳，原因是甚麼呢？

郭林鳳

葉蘊璞將筆名改為葉靈鳳的原因，相傳是為了紀念他的首位夫人郭林鳳，寓意一生能雙鳳齊飛，成雙成對。在 1927 年，一個充滿自信的年青人葉蘊璞，在上海聽車樓邂逅復旦大學女生郭林鳳後，一見鍾情，在他的小品《天竹》和《笑》中，寫有雙鳳結識的經過。女大學生郭林鳳非常仰慕葉靈鳳的文才，相見之後不久，靈鳳收到林鳳的信：「日前的一晤，我承認是我生命史上最可紀念的一頁。雖不免有點冒昧，但，同名的 XX，我認識你已不僅自那天起，我想這一點心靈上的認識，總足解釋我一切的冒昧而有餘……」

葉靈鳳於 1928 年主編的《現代小說》第二卷第一號，刊有郭林鳳首次以筆名「南碧女士」寫的一篇小說〈破滅〉，那時他們才認識不久，而該小說集還有來自香港的侶倫，他以筆名「李霖」寫有一篇創作小說〈以麗沙白〉。1929 年，葉靈鳳與郭林鳳結婚，蜜月之後，靈鳳撰有《雙鳳樓隨筆》，記載着他們的家園紀事，但不久他們因意見不合而離婚，郭林鳳後來更因一場急病被奪去寶貴生命。自古紅顏薄命，葉蘊璞是否真的為了紀念早亡的郭林鳳，將筆名改為葉靈鳳？其實葉蘊璞早於 1926 年 12 月 1 日，便以筆名葉靈鳳在《幻洲》第一卷第五期發表他的小說《禁地》。故此，他改筆名葉靈鳳來紀念郭林鳳的傳言，不是事實。

身無彩鳳雙飛翼

另外，有一則傳言廣為人信，指葉靈鳳這名字取自李商隱的詩詞。唐代詩人李商隱作詩出名，寫愛情詩更為出色，千古年來傾倒無數癡男怨女，特別以無題戀情詩最膾炙人口，尤其是《無題二首》之第一首七言律詩最為著名。該詩表達出詩人追憶昨夜參與一次貴家後堂之宴，與意中人席間相遇、旋成間阻的懷想和惆悵之情。

李商隱《無題二首》

昨夜星辰昨夜風，畫樓西畔桂堂東。
身無彩鳳雙飛翼，心有靈犀一點通。
隔座送鉤春酒暖，分曹射覆蠟燈紅。
嗟餘聽鼓應官去，走馬蘭台類轉蓬。

1920 年代，正值風華正茂之年的葉蘊璞，對李商隱的愛情詩句中表達出的深摯纏綿感情，煉句設色及流麗圓美的特質心馳神往，特別是「身無彩鳳雙飛翼，心有靈犀一點通」，這兩句堪稱千古佳作，膾炙人口！葉蘊璞覺得自己原來的名字比較平庸且不夠響亮，便從李商隱的《無題二首》詩句抽選「靈」及「鳳」，合成「靈鳳」，成為今日為人熟悉的中國現代著名作家、掌故家及藏書家的葉靈鳳。

葉蘊璞早於 1926 年便以筆名葉靈鳳在《幻洲》發表小說，比認識首位夫人郭林鳳還早，所以筆名葉靈鳳並非紀念郭林鳳。圖為在《幻洲》印有葉靈鳳的照片及簽名式樣。

葉靈鳳首位夫人郭林鳳玉照，刊於 1929 年 2 月 10 日《上海漫畫》43 期新春號。

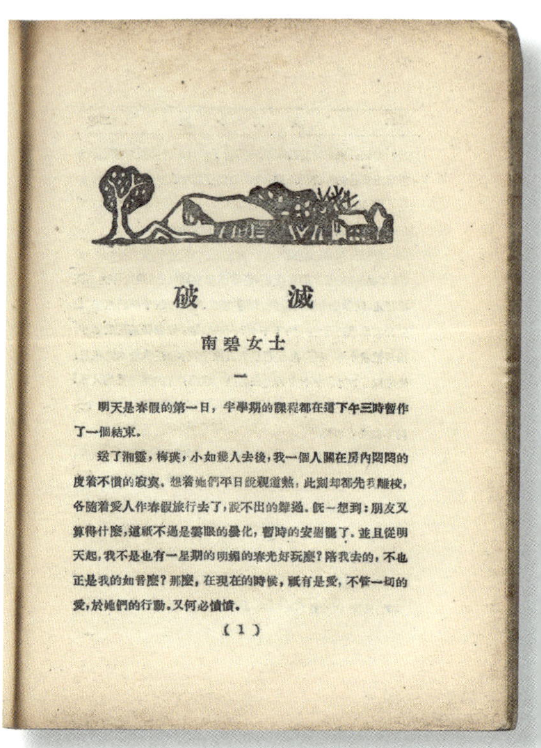

破　滅

南碧女士

一

明天是春假的第一日，半學期的課程都在這下午三時暫作了一個結束。

送了湘靈，梅瑛，小如幾人去後，我一個人關在房內悶悶的度着不慣的寂寞。想着她們平日說親道熱，此刻却都先我離校，各隨着愛人作春假旅行去了，說不出的難過。旣一想到：朋友又算得什麼，這祇不過是雲眼的變化，暫時的安慰罷了。並且從明天起，我不是也有一星期的明媚的春光好玩麼？陪我去的，不也正是我的如晉麼？那麼，在現在的時候，祇有是愛，不管一切的愛，於她們的行動，又何必憤憤。

（1）

1928 年 7 月葉靈鳳主編的《現代小說》第二卷第一號，刊有「南碧女士」（郭林鳳筆名）的一篇小說〈破滅〉。

雙鳳樓隨筆

煤烟（葉靈鳳）

在北方，客人來了的時候，主人在請坐倒茶之先，還有一種不可少的款待，便是倒水請客人洗臉。據說這是因爲北方風多，灰沙厚，路政又不良，一出門便是滿身滿臉的灰沙，連耳朵和鼻孔裏都是，所以進了門非洗臉不可，但是江南向來是十里春風，山明水秀，除了天熱滿頭大汗時要請你洗臉以外，這種規矩是很少有的。

可是，在現在的江南，尤其在上海，隨着太平洋的高潮冲進來的近代物質文明，經濟侵略的工具搖撼了江南明媚靜謐空氣中的詩意，天邊矗起了黑寂寂的怪物，從此江南的客人來時也非洗臉不可了。

這種煤煙的作祟，大約住在上海的人沒有一個不嘗過，記得好像是一篇童話上曾說過，一個人帶了一個孩子乘汽球去作環球旅行，有一天飛到德國的柏林，柏林是工業先進國德國工業的中心，這孩子是知道的，但是飛到柏林的近郊，從上面發現一派廣大的森林，這孩子好驚異，便問領帶他的人，柏林工業這樣發達，何以近郊還有這樣未開闢過的森林。他人知道他看錯了，便告訴他這一大塊並不是森林，正是工廠的煙囪。煤煙蓬勃，從氣球上面望下來正好像一座鬱鬱蒼蒼的森林。

這眞是近代新有的奇觀。可是住在這下面的人所享受着的煤煙滋味也可想而知了。

上海的煤煙雖然還不曾發展到那種程度，但是你到馬路去

葉靈鳳的《雙鳳樓隨筆》之〈煤煙〉，刊於 1929 年 8 月 31 日《上海漫畫》71 期。

葉靈鳳與他的第二任夫人趙克臻合照，攝於 1930 年代。

葉靈鳳於 1927 年 12 月著有《菊子夫人》，由光華書局印行。

葉靈鳳於 1929 年譯有《新俄短篇小說集》，由光華書局印行。

首篇作品〈故鄉行〉

令葉靈鳳畢生難忘的一件高興事情，發生在 1925 年，當時他只有 20 歲，首次發表了一篇散文〈故鄉行〉，連載在 1925 年 3 月至 5 月第 12 卷的《學生雜誌》上，此篇作品還為他帶來了三、四十元的稿費。根據他後來寫的《讀書隨筆》之〈原稿紙的掌故〉，透露該篇〈故鄉行〉得以發表在《學生雜誌》，有賴創造社的成員成仿吾先生的介紹，從而認識出版社商務印書館的編輯，為他刊出首篇作品〈故鄉行〉。

〈故鄉行〉是葉靈鳳的一篇遊記，文章中提到他已有多年未回自己的故鄉 —— 南京。上一次踏入南京土地已是六七年前，當時他還是個渾沌未開，天真爛漫的小孩。而如今的他已嘗過戀愛的甜蜜，決絕的悲哀和人世的炎涼。他最傷心的事是他母親死時他只有六歲，連她的容顏也總記不起來，他只記起母親是染上急症而猝死的。後來他的姊姊告訴他，當晚晚飯過後，母親還揹了他哄着他入睡，卻不料半夜突然得了急症，醫生還沒有請到就斷了氣。這陰鬱的記憶支配了他的童年生活，也影響了他的性格，更使他對於家鄉金陵和故居「九兒巷」的印象染上了一層灰黯。在他的記憶中，家鄉是沒有春天的。以下是節錄葉靈鳳〈故鄉行〉的美文佳句，其文筆細膩，細緻動人：

在這個絮飛花謝的暮春天氣，他忽然得着旅行他數年不見面的故鄉的機會，在他近來枯寂而灰沉的生活中，實在是件足以鼓動他已靜止了的心情的事。所以縱然他的經濟目前已窘迫到了萬分，他仍向四面去張羅了些錢來，欣然向他親切的故鄉歸去。……

——自從母親棄下了我們兄弟四人，被人抬去放在山崗上之後，我至今還未看見過她呀！她的墳墓，在這多少年中，風霜蝕剝，正不知已壞到甚麼模樣。雖然在前年的春天，大哥也曾去過一次，然我自己覺得我未去看，終是有點不安。如今我既大了，無論在甚麼時候，我總應當去省拜一次，我雖不能再看見她那我已記不清晰的慈祥的面目，然去看一看她的長眠之所，總可以稍慰我十幾年來孤寂無母的悲哀。等我畫兒學得略有進步時，我更要去把她墳墓寫了回來，懸在座右，朝夕瞻拜，以稍盡我未能侍養她的心懷。

這件心事，自從他稍有知識以後，便常常盤踞在腦中不能忘記。他在校中念書時，總是想起他那已故的母親，每每恨着不能有機會去將她的墳墓瞻望一下。自從這次校中發表了本季寫生地點是定在他的故鄉以後，他真快活極了，他想十三年未見面的母親，在這次的旅行中，總可以間接去認識下。可是自從他到了故鄉以後，這暮春的天氣，五風十雨，悽悽陰陰，又加上朋友們的阻梗，使他不但將在藝術上努力的預算打消，即連這件極大而唯一的心事也未能實現。直等到了在旅行的最後幾日，他覺得若是這次機會失了，他實在不配稱為人子，在深夜的夢中，他也更無面目再見他的慈母。所以在臨行的前三日，他便跑到了外祖家中，找着了他的大姊，告訴她要去看母親的墳墓。……

蒼天無靈，似是不了解他的心情，不俯聽他的哀求，急驟的雨點，在黑暗中和着風聲，依舊敲在四面的玻窗上，發出淒楚的交鳴。

——母親我真對不住你了！我來到這裏已近一月，竟沒有去看過你的墳墓一次；一個人對於學業任他怎樣努力，而忘去了他的母親，那已沒有甚麼可貴，況且我更不是因用功而忘記了你！母親，我真是個罪人了！可恨蒼天也太無情，我尚擬拏明天這最後的一日，作我一月來的贖罪之祭，那知他竟不諒恤我這個無母孤兒的心懷，竟驟然下起雨來！母親呀！假若我明天不能來瞻拜你的墳墓時，求你要赦免你兒子的罪愆，求你不要因此而更棄他！你兒子身體雖未到過你的墓前，然他寸礫的心兒，正無時無刻不飛繞在你的墳右，你在天之靈深夜歸來的時候，在曠野黑暗的途中，大約也曾遇見過你兒子的游魂，正在徬徨着找他失去了的母親！母親呀，求你原諒我罷！

「最是終天遺恨事，慈顏今日憶難真。」這是葉靈鳳 17 歲時寫的清明憶母詩中的兩句，他每想起了已故的母親時，便要念着這兩句詩；一念這兩句詩，傷心的血淚，便不由得要流下來！

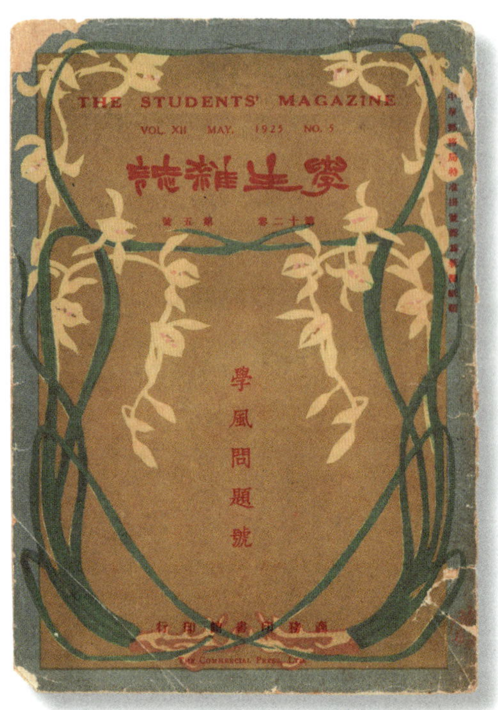

上海商務印書館於 1925 年 5 月第 12 卷第 5 號印行《學生雜誌》，該期為「學風問題號」。

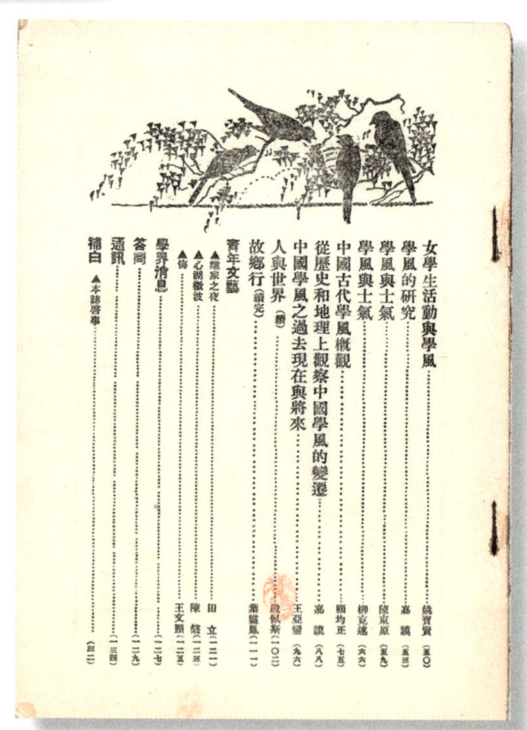

1925 年 5 月第 12 卷第 5 號《學生雜誌》目錄上，可見第 111 頁開始的葉靈鳳〈故鄉行〉（續完）。

故 鄉 行

故鄉行（續）

葉靈鳳

母墓

——自從母親棄下了我們兄弟四人，被人擡去放在山崗上之後，我至今還未看見過她呀！她的墳墓在這多少年中風霜蝕剝，正不知已壞到什麼模樣。雖然在前年的春天大哥也曾去過一次，然我自己覺得我未去看，終是有點不安。如今我既大了，無論在什麼時候，我總應當去省拜一次，我雖不能再看見她那我已記不清晰的慈祥的面目，然去看一看她的長眠之所，總可以稍慰我十幾年來孤寂無母的悲哀。等我畫兒學得略有進步時，我更要去把她墳墓寫了回來，懸在座右，朝夕瞻拜，以稍盡我未能侍養她的心懷。

這件心事自從他稍有知識以後，便常常盤踞在腦中不能忘記。他在校中念書時，總是想起他那已故的母親，每每恨著不能有機會去將她的墳墓瞻望一下。自從這次校中發表了本季寫生地點是定在他的故鄉以後，他眞快活極了，他想十三年未見面的母親，在這次的旅行中，總可以間接去認識一下。可是自從他到了故鄉以後，這暮春的天氣，五風十雨，悽悽陰陰，又加上朋友們的阻梗，使他不但將在藝術上努力製作的預算打消，即連這件極大而唯一的心事也未能實現。直等到了在旅行的最後幾日，他覺得若是這次機會失了，他實在不配稱爲人子，在深夜的夢中，他也更無面目再見他的慈母。所以在臨行的前三日，他便跑到了外祖家中，找著了他的大姊，告訴她要去看母親的墳墓。

外祖家裏的幾位表兄弟，見說他要去看他母親的墳墓，便也一齊說道：

——就在明天一齊去罷！姑母的墳墓，我們也有好久未看見了。

所以他們就這樣的約好，準於明天早上，先在外祖家裏聚齊，然後再去。他走時，他們還堅囑他明天來時，那三足的寫生架也不妨一齊帶來。

111

1925 年，葉靈鳳的〈故鄉行〉連載於第 12 卷第 3 號至第 5 號《學生雜誌》。圖為最精彩的第三篇〈故鄉行〉。

首本散文集《白葉雜記》

1921 年，創造社於日本東京成立，成員大多數是留學日本的中國青年，包括郭沫若、郁達夫、成仿吾、張資平、鄭伯奇、田漢等。創造社的寫作方針是傾向反帝制與反封建的綱領，且側重浪漫及唯美主義，在文藝思想上，崇尚自我、重視個性，在創作上追求藝術至上。洪水編輯部負責《洪水》週刊的編務，泰東圖書局則發行刊物，1924 年 8 月 20 日《洪水》創刊號發行，可惜週刊僅出了一期便停止。1925 年 9 月 16 日改出《洪水》半月刊，轉由創造社編輯，光華書局發行，「創造社小夥計」葉靈鳳則設計封面，並負責版頭畫及插圖，署名 LF。1926 年 12 月，創造社出版部出版《洪水週年增刊》，回顧過去一年的重要活動。《洪水》半月刊由第一期出版至 1927 年 12 月第三十六期為止。

《白葉雜記》

1925 年 10 月 1 日，葉靈鳳在《洪水》半月刊第 1 卷第 2 期首次發表〈姊嫁之夜〉小說。同年 11 月 1 日，在《洪水》半月刊第 1

卷第 4 期發表處女作《白葉雜記》之〈秋意〉散文，開始連載《白葉雜記》至 2 卷 2 期，共 12 期。1927 年 9 月，葉靈鳳的第一部散文集《白葉雜記》初版正式誕生，由上海光華書局出版，《洪水》半月刊的首篇散文〈秋意〉轉到《白葉雜記》單行本之〈偶成〉第二篇文章。其目次如下：

1. 夢的紀實
2. 白葉雜記
   - 心靈的安慰、芳鄰、遷居、惜別、人去後、偷生、歸來、春蠶、血、謝忱、今後的生涯、無題、靈魂的歸來、生離、鄉愁
3. 紅燈小擷
   - 秋懷、金鏡、小樓
4. 病榻囈言
5. 白日的夢
6. 偶成
   - 偶成、秋意、霧、賀柬
7. 獄中五日記

〈鄉愁〉及〈夢的紀實〉

當年只有 20 多歲的葉靈鳳，初登文壇在文章中自抒情懷，筆致細膩委婉，情調低徊感傷，向讀者展現人生多變的面向。《白葉雜記》寫的是愛情苦悶、顧影自憐、觸景生情，以及對友情和故鄉的懷戀，是表現個人哀愁的一本作品集。例如在〈鄉愁〉中，他寫道：

〈鄉愁〉

「夢裏不知身是客，一晌貪歡。」

在與同年的朋友的哄然的談笑中，能使我突然啞了口不開或悄悄地避走去的，除了那能觸起我個人的悲懷的話以外，便是提到回家的事了。每提到了「家」，我總止不住黯然有感，不敢再談下去。

並不是故園寥落，不堪回首，也不是蜀道難行，有家歸未得。家園是雍雍穆穆，依舊保持着世家的風度；假若立意回家，而遙遙長途，也只消一列征車，指日可達。然而我總不敢聽到旁人說起家中的事，我也從沒有回過家鄉。我之所以不願回家，我是為……

我已三年未歸家了。每同朋友閒談，談到故鄉，我總是驕傲地誇耀我的故鄉是怎樣被稱為「龍蟠虎踞，鎖鎮江南」，然而當一提到家裏的事，我卻只會啞然無言的走開了。

我自己也不明白我怎樣會變成了這樣。

是三年飄泊，書劍無成，無顏歸見家園父老？還是燕然未勒，錦衣未就，不甘這樣默默地言旋？

一陣夜風，吹散了桌上淩亂的稿箋，給了我說明我對於這些疑問的否認。

然而，我究竟為甚麼呢？

葉靈鳳在這篇〈鄉愁〉的首句引入南唐后主李煜的《浪淘沙令》中的著名詞句：「夢裏不知身是客，一晌貪歡」。李後主把亡國之情寄託於夢中感懷，而葉靈鳳亦引用這著名詩詞，套用在自己散文上，以表達一個異鄉人的離情和兩地相思，為了夢想寧可奔走遠方，也不願停下來，甚至放棄回鄉。《白葉雜記》另一篇〈夢的紀實〉中，有以下撰文：

〈夢的紀實〉

是一個和艷的上午，我一人在街上閒走。在熙攘的行人中，無意間我偶然瞥見了一位握着兩枝桃花的少女。「……」我幾乎要停住腳喊了出來，但是突然我又遏止住了我自己。由這不意的相逢，我想起了過去的去年，過去的去年的今日。回想中一切都令人留戀，一切都令人低回，尤其是甜蜜的紅色的夢境。分明還記得：去年的此時，在一座幽靜的遊園中，紅欄杆上，正憑伏了一對年少的佳侶。從落英狼藉的水中透出的並肩的倒影，連池中的游魚也驚羨得凝止不動了，然而曾幾何時，風吹水動，春老人歸，一切都成了幻夢，一切都消滅了。

造物者隨意地將兩個人兒聚合起來，又隨意地將他們分開。聚合時既不是自己的權力，被分開時又哪裏能由自己呢？

於是，我們在不能自己之中，終於被分開了。

葉靈鳳以〈夢的紀實〉來説明造物者的力量可以隨意地將人們聚離，聚合時既不是自己的權力，被分開時又不是自己的選擇，代表一切都可成幻夢。〈夢的紀實〉可以説是幻像的人生，恍如一夢。

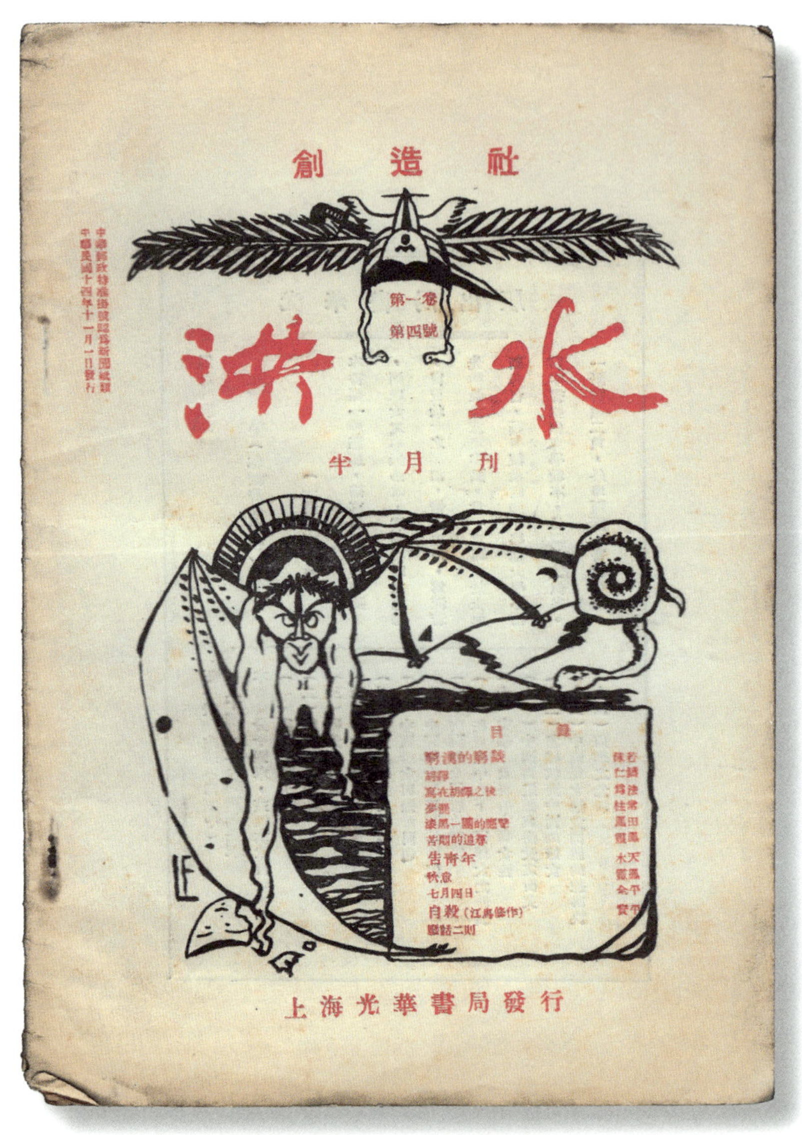

創造社編輯的《洪水》半月刊第 1 卷第 4 期，於 1925 年 11 月 1 日由光華書局發行，葉靈鳳以 LF 署名設計封面，並負責版頭畫及插圖。

秋　　意　　111

得知道什麼是新，得知道什麼是舊；

得知道東西沒有新舊，新舊卽在你們的心頭。

青年，你們須看異國的榮華，你們也得發現故國的荒丘。

——青年，活化了你們的故鄉！你們的故鄉在你們心頭。

二五，九，二七。

秋　　意

——白葉雜記之一——

葉靈鳳

偶然起得很早，覺得儘將時間拋在讀書中似乎有些傻氣；便開了門，慢慢踱到街頭小立。

街上冷冷清清。昨日細雨，兩旁街樹上新綠照眼；街心祇餘幾條蜿蜒的車轍，路已乾了——上海一天中的黃金時代是在晚間而不在清晨，清晨的街上祇有短衣的勞動者和推車的菜販或偶一見到。——在這樣的清寂之中，我抱臂悄立，我覺得我已成了當前宇宙的主人，一切煩惱和不平都被忘了。

偶然一陣曉風起處，兩旁的樹葉都沙然互相摔擊。風過後，從我立處附近的一株樹上，飄然落下了一片黃葉，正落在我的面前。

我不知怎地記起了今天是所謂立秋。雖然樹葉天天都在落，但是我今天因想起了立秋，對這眼前的一片黃葉，不覺便有些零落之感。我念着『一葉落而天下秋』，我好像已越過了炎帝之宮，跨入素女青娥之殿。

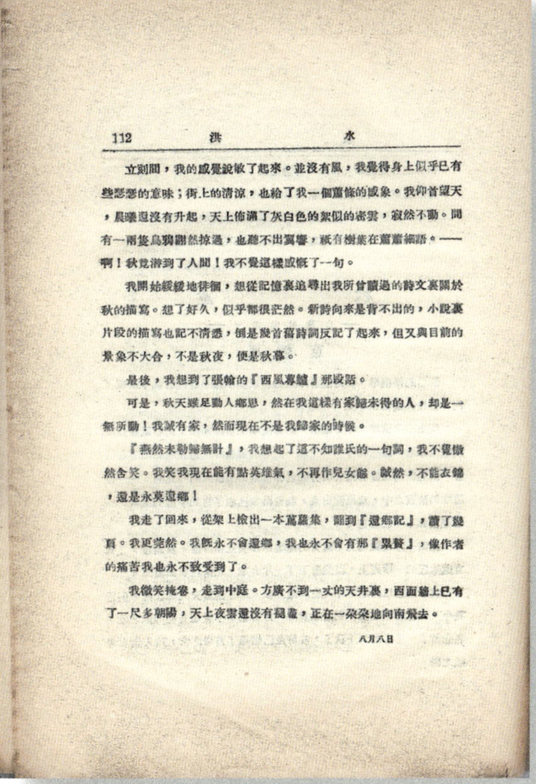

112　　洪　　水

立刻間，我的感覺銳敏了起來。並沒有風，我覺得身上似乎已有些瑟瑟的意味；街上的清涼，也給了我一個蕭條的感象。我仰首望天，晨曦還沒有升起，天上佈滿了灰白色的絮似的密雲，寂然不動。間有一兩隻烏鴉翩然掠過，也聽不出翼響，祇有樹葉在蕭蕭細語。——啊！秋竟潛到了人間！我不覺這樣感慨了一句。

我開始緩緩地徘徊，想從記憶裏追尋出我所曾讀過的詩文裏關於秋的描寫。想了好久，似乎都很茫然。新詩向來是背不出的，小說裏片段的描寫也記不清悉，倒是幾首舊詩詞反記了起來，但又與目前的景象不大合，不是秋夜，便是秋暮。

最後，我想到了張翰的『西風蓴鱸』那段話。

可是，秋天雖足動人鄉思，然在我這樣有家歸未得的人，却是一無所動！我誠有家，然而現在不是我歸家的時候。

『燕然未勒歸無計』，我想起了這不知誰氏的一句詞，我不覺傲然含笑。我笑我現在能有點英雄氣，不再作兒女態。誠然，不能衣錦，還是永莫還鄉！

我走了回來，從架上檢出一本蔦蘿集，翻到『還鄉記』，讀了幾頁。我更莞然。我既永不會還鄉，我也永不會有那『累贅』，像作者的痛苦我也永不致受到了。

我微笑掩卷，走到中庭。方廣不到一丈的天井裏，西面牆上已有了一尺多朝陽，天上夜雲還沒有褪盡，正在一朵朵地向南飛去。

八月八日

葉靈鳳在 1925 年 11 月 1 日《洪水》半月刊第 1 卷第 4 期發表第一篇散文 —— 白葉雜記之一〈秋意〉，距今接近一個世紀。

1927 年 9 月，葉靈鳳的首部散文集《白葉雜記》初版發行，由上海光華書局出版，封面及插圖由葉靈鳳署名 LF 設計及提供。

葉靈鳳首部散文集《白葉雜記》初版，屬幻洲叢書，於 1927 年 9 月由上海光華書局發行，插圖由葉設計及提供。

一九二七年九月初版

1——3000冊

每冊實售[illegible]五[illegible]

上海光華書局發行

目次

1927 年 9 月，《白葉雜記》初版共發行 3000 冊，右頁為目次。

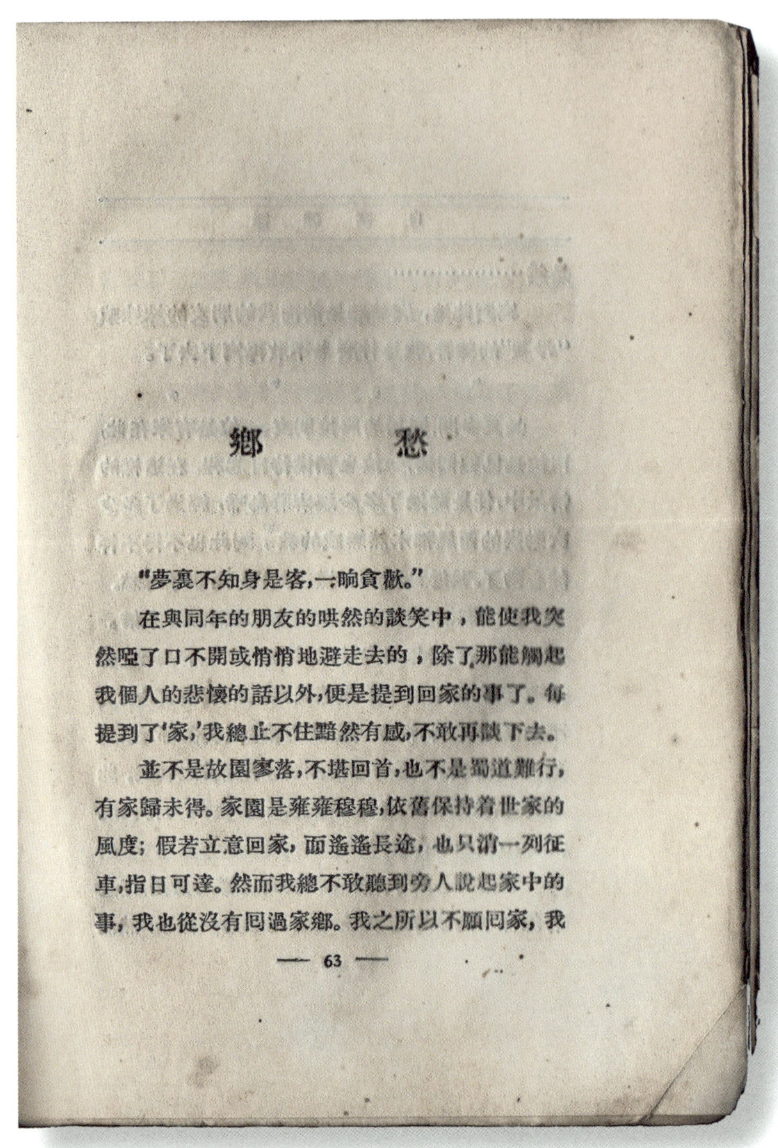

鄉　愁

"夢裏不知身是客,一晌貪歡。"

在與同年的朋友的哄然的談笑中，能使我突然啞了口不開或悄悄地避走去的，除了那能觸起我個人的悲懷的話以外,便是提到回家的事了。每提到了'家,'我總止不住黯然有感,不敢再談下去。

並不是故園寥落,不堪回首,也不是蜀道難行,有家歸未得。家園是雍雍穆穆,依舊保持着世家的風度;假若立意回家,而遙遙長途,也只消一列征車,指日可達。然而我總不敢聽到旁人說起家中的事,我也從沒有回過家鄉。我之所以不願回家,我

— 63 —

《白葉雜記》中的〈鄉愁〉是作者葉靈鳳對友情和故鄉的懷念。

誰是 LF？

葉靈鳳的作品涵蓋小說、散文、史論、譯文等外，他早年的畫作也非常出色。1924 年，葉靈鳳曾在上海美術專科學校學習，1925 年經郭沫若引進加入創造社，1926 年組織文學團體幻社。期間他分別與周全平和潘漢年合編《洪水》和《幻洲》半月刊。1928 年自己創辦《戈壁》及主編《現代小說》和《現代文藝》等。

1925 年，《洪水》正進行編輯工作時，創造社成員周全平與元老郭沫若在閒談間，看見郭沫若在文件夾中拿出數張年青人畫的畫，周全平看見覺得很新鮮、很有趣，也覺耐人尋味，但忘了問郭沫若這年青人是誰，只見畫上有個像「LF」又像「正」字的符號，他後來才知道這青年便是葉靈鳳，這像「正」字的署名是靈鳳的英文簡名 LF（代表靈鳳的英文 Ling Feng）。1926 年周全平在《洪水週年增刊》發表的〈關於這一週年的洪水〉，透露 LF 的秘密，主要內容如下：

統是沫若給我介紹的。最奇怪的便是 LF。有一次我到環龍路，閒談中，沫若忽從他的黑文書夾中檢出幾張小紙片，說是一個青年畫的畫。我拿來看時，立刻覺得這小小的畫都很新鮮，很多趣。沒有一片紙是方方正正的，同樣大小的，而且紙質也不一律，甚至有許多是畫在很粗的火紙上的。而且也不像是認認真真畫的東西，顛倒橫豎錯亂着在一片大的紙上，有的紙片還亂抹着顏色。然而就在這亂七八糟中，你便找得了你一看就愛不釋手的東西。分析起來很簡單，很隨便，但全體確很匀稱，很精細；而且很耐人尋味。

輿匆匆地懷着這些可愛的紙片，就走回阜民路，也忘了問沫若：這青年姓甚名誰。我只看出畫上有個像「正」字的符號，我不知道他就是 LF。

後來便知道這聰敏的畫畫的青年便是我們已經認識過的葉靈鳳，便是在貝勒路居住時常常來吃麵的穿藍衫的少年。可是我從不知道他能畫。當然是更不知道他能畫這樣好的畫了；而且我更不想起這像「正」字的署名便是靈鳳的簡名 LF。

不特 LF 是洪水的新同人，LF 的畫更是洪水中的新作品。

《洪水》

葉靈鳳極喜愛英國畫家比亞茲萊（Aubrey Beardsley）的作品，深受他的影響，並經常模仿他的畫作，當時不少的封面畫、題頭畫及插圖，都是出自葉靈鳳的筆下，葉亦被戲稱為「中國比亞茲萊」。《洪水》的名字由周全平題的，因為當時他正在校對聖經上的 Flood 一章，他渴慕着那能毀壞一切的洪水。1924 年 9 月 1 日，《洪水週刊》第一期出版，32 開大小，報紙，橫排。第一期的目錄是：

1. 撒但的工程　　　　全平
2. 盲腸炎與資本主義　沫若
3. 迷離的幻影　　　　貽德
4. 對於梁俊青的意見　全平
5. 通信　　　　　　　仿吾

根據 1926 年周全平發表的〈關於這一週年的洪水〉，說明「洪水」封面的兩個字由郭沫若寫的，那時他在日本福岡用破筆蘸了藍墨水寫好寄來的，因為那時他沒有毛筆和墨。至於《洪水》的封面由葉靈鳳設計的，封面畫甚有比亞茲萊的風格，畫有一個魔鬼張了翅膀掩蓋着大地，洪水正毀壞陸地上的建築物。

1926 年，創造社出版部出版《洪水週年增刊》。

關於這一週年的洪水

全平

洪水的編輯者並不止我——全平一個，然而不敢自詡，對於這幼稚的洪水的養育和愛護曾有了更多的熱望，更大的辛苦的，總應該數着全平——即我的吧。

在這幼稚的洪水竟能滿了一周年的今日，對於她的歷史比較關切着的保姆出來報告了下面這一些，實在是不能稱作僭越的。倒是自己太關切了，說的時候未免有些偏心，可是那也是沒有辦法的了。

1926 年周全平在《洪水週年增刊》發表〈關於這一週年的洪水〉，上部位置的題頭畫出自葉靈鳳的筆下，他的署名像「正」字的符號 LF，在圖左上位置。

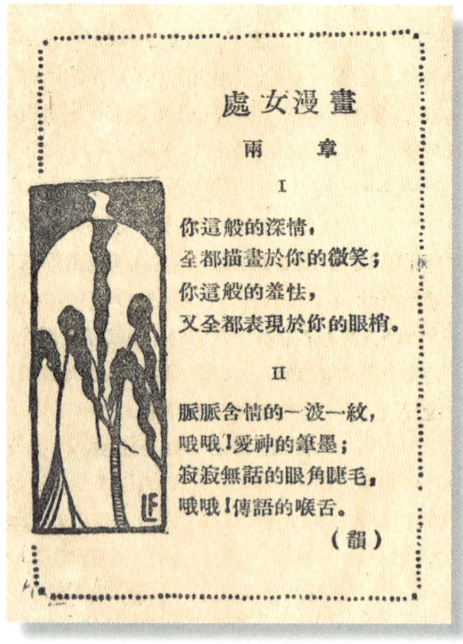

處女漫畫

兩章

I

你這般的深情，
全都描畫於你的微笑；
你這般的羞怯，
又全都表現於你的眼梢。

II

脈脈含情的一波一紋，
哦哦！愛神的筆墨；
寂寂無話的眼角睫毛，
哦哦！傳語的喉舌。

（韻）

1926 年《洪水週年增刊》刊有兩章的〈處女漫畫〉，葉靈鳳提供插圖。

1926 年出版的《洪水》第一卷合訂本，封面的兩個字「洪水」由郭沫若寫的，甚有比亞茲萊風格的封面畫則由葉靈鳳設計。

1925 年 12 月，周全平著的《夢裏的微笑》初版發行，封面畫由葉靈鳳設計。

中國比亞茲萊

有「中國比亞茲萊」之稱的葉靈鳳，他的畫作於當時二十至三十年代獨樹一幟，結合比亞茲萊的西方畫功和中國表達方式，作品與眾不同及獨創一格，深受文化界大多數人士歡迎及喜愛。他主理的封面設計，基本以圖案為主，再加以強列對比的色澤，並憑着自己的意念作畫，與新感覺派的寫作方式互相配合。

比亞茲萊（Aubrey Beardsley）是十九世紀末的英國畫壇天才，生於 1872 年，在 1898 年，年僅 26 歲的他因肺病離世。儘管生命短暫，但他留下的畫作成就斐然，遺留那幾百幅畫作至今仍深受世界各地的藝術愛好者喜愛。在十九世紀末至二十世紀初，英國文學史家亦稱那段時期為「比亞茲萊時代」，意味着這位短命畫家對當時藝壇影響之深遠。

葉靈鳳在田漢先生的介紹下首次看到比亞斯萊的作品，那時田漢不僅借用了比亞斯萊的作品作《南國周刊》的封面，後來還翻譯了王爾德的《莎樂美》出版，這個中譯本在當時印得非常精緻，採用道林紙的 18 開本，附有比亞斯萊為王爾德這個劇本所作的全部插畫，包括版頭和封面畫在內，反應理想。自此之後，葉靈鳳很喜歡比亞斯萊的書籍裝飾畫和插畫，而這個天才畫家是屬於當時《黃面志》相關集團的。《黃面志》是一種文藝季刊，比亞斯萊曾經擔任過這個刊物的美術編輯，對中國早期的新文藝運動也曾產生過一點影響。首先將《黃面志》介紹給中國文藝愛好者的是郁達夫先生，接着是田漢先生。

奧伯利・比亞茲萊（1872–1898）是 19 世紀末英國插畫藝術家之一，畫作成就顯赫，深得葉靈鳳的喜愛。

比亞茲萊的影響

比亞茲萊的作品不只影響英國當地，亦受到當時魯迅先生所注意及垂青。1929 年魯迅先生編印過比亞斯萊畫選，列為《朝花藝苑》叢刊之一，選了多幅比亞茲萊的黑白畫作，非常精彩！葉靈鳳模仿比的寫畫技巧及方法，在當時他替創造社及好友所畫的書籍封面、版頭及內頁等插畫，都富有比亞茲萊的影子。

葉靈鳳作為藏書發燒友，熱愛書籍。當時他從編輯費和版稅所得，在上海付出高價訂購一系列數本比亞茲萊的大型畫冊，以作欣賞、收藏及參考。可惜在上海淪陷後，葉靈鳳離滬，舊居過萬珍藏的書籍包括比亞茲萊畫冊已消失於人間，此憾事令葉靈鳳在港時仍不能忘懷，記錄在他的著作《讀書隨筆》之〈我的藏書的長成〉。

《讀書隨筆》封面

1988 年 1 月，內地三聯書店出版一套三本的《讀書隨筆》，封面選自比亞茲萊作品如下：

第一集封面：《維娜斯與唐豪森》

第二集封面：赫洛德的眼睛——《莎樂美》插畫之一

第三集封面：《阿賽王的故事》

《讀書隨筆》編者是絲韋（羅孚筆名），責任編輯是周健強，裝幀是葉雨，由葉靈鳳過去的數本文集包括《讀書隨筆》、《文藝隨筆》、《北窗讀書錄》、《霜紅室隨筆》、《晚晴雜記》、《書魚閒話》等精彩文章整理而成。當中大談名人軼事、書畫心得、作品評介、文壇掌故等，內容遍及古今中外，旁徵博引。《讀書隨筆》一經推出，讀者反應熱烈，大受歡迎。

1925年12月，創造社叢書《夢裏的微笑》初版出版，周全平著，葉靈鳳畫插圖「淒然的望着溪中」，富有比亞茲萊的影子。

葉靈鳳在1925年《夢裏的微笑》畫有「啊這雙魚」插圖。

葉靈鳳替友人及自己作品所畫的三幅版頭畫，左起《情人》（潘漢年著）、《鳩綠媚》（葉靈鳳著）及《春節》（俄，庫布林著，葉靈鳳譯）。

1988 年 1 月，內地出版一套三本的《讀書隨筆》，封面選自比亞茲萊的作品，第一集為《維娜斯與唐豪森》、第二集為赫洛德的眼睛《莎樂美》插畫之一和第三集《阿賽王的故事》。

十大好書榜首《吶喊》

筆者在 25 多年前保存了一張舊剪報，它是 2000 年 5 月 21 日刊於星島日報 A11 版的港聞，標題是「魯迅《吶喊》居十大好書榜首」及「投票反應熱烈 現代文學較受歡迎」。該次十大好書選舉共收到超過 5 萬份中學生投票，文壇巨人魯迅不但成為中學生心目中最喜愛的作家，其著作《吶喊》更獲最高票數登上十大好書的首名位置。

魯迅

魯迅（1881－1936）本名周樹人，原名樟壽，字豫才、豫山、豫亭，浙江紹興人，為中國現代文學的奠基人，是享有盛譽的中國近代文學家、思想家、作家。魯迅的二弟為周作人，三弟為周建人，而首任妻子名為朱安，第二任妻子為許廣平，兒子為周海嬰。魯迅著有《吶喊》、《狂人日記》、《阿 Q 正傳》、《自嘲》、《野草》、《孔乙己》等，最為人熟悉的名言：「橫眉冷對千夫指，俯首甘為孺子牛」出自他的《自嘲》。

中國及海外的學者對魯迅評價很高，像曾任北大校長的蔡元培曾經表述過：「魯迅先生的感想之豐富，觀察之深刻，意境之雋永，字句之正確，他人所苦思力索而不易得當的，他就很自然的寫出來，這是何等天才！何等學力！」郁達夫說過：「如問中國自有新文學運動以來，誰最偉大？誰最能代表這個時代？我將毫不躊躇地回答：是魯迅。魯迅的小說，比之中國幾千年來所有這方面的傑作，更高一步。至於他的隨筆雜感，更提供了前不見古人，而後人又絕不能追隨的風格。要全面了解中國的民族精神，除了讀《魯迅全集》以外，別無捷徑。」夏志清稱：「魯迅是中國最早用西式新體寫小說的人，也被公認為最偉大的現代中國作家。自從他於 1936 年逝世以後，他的聲譽愈來愈神話化了。他死後不久，二十大本的《魯迅全集》就立即出版，成了近代中國文學界的大事。」

《吶喊》

《吶喊》是魯迅的第一部新文學創作集，收入魯迅於 1918 年至 1922 年所寫的 15 篇中短篇小說，分別為〈狂人日記〉、〈孔乙己〉、〈藥〉、〈明天〉、〈一件小事〉、〈頭髮的故事〉、〈風波〉、〈故鄉〉、〈阿Q 正傳〉、〈端午節〉、〈白光〉、〈兔和貓〉、〈鴨的喜劇〉、〈社戲〉及〈不周山〉。

初版本在 1923 年 8 月問世，由新潮社出版，其後在 1930 年 1 月〈吶喊〉第 13 次印刷（第 13 版）時抽出書中最後一篇〈不周山〉，變成只有 14 篇小說。《吶喊》初版、再版和三版本的印數，在《吶喊》誕生 94 年之後首次全部考定，即分別為 1000 本、3500 本和

3000 本。另據周國偉編著《魯迅著譯版本研究編目》的統計，至 1930 年 7 月上海北新書局第 14 次印刷（第 14 版），《吶喊》的印數累計達 48500 冊，此後印數不明。[1]

《吶喊》深層地描繪了從辛亥革命到五四運動時期的社會生活，深刻地揭露了封建制度和禮教虛偽，深入地剖析國民及民族的劣根性。1922 年 12 月 3 日，魯迅在北京寫下「自序」（部分內容如下），清楚表明了寫作《吶喊》的目的，就是以大聲的吶喊驚起被密閉在鐵屋子裏熟睡，而不知死亡將至的人們，呼喚彼此齊心合力走出這鐵屋子，以爭取新的生命。

「在我自己，本以為現在是已經並非一個切迫而不能已於言的人了，但或者也還未能忘懷於當日自己的寂寞的悲哀罷，所以有時候仍不免吶喊幾聲，聊以慰藉那在寂寞裏奔馳的猛士，使他不憚於前驅。至於我的喊聲是勇猛或是悲哀，是可憎或是可笑，那倒是不暇顧及的；但既然是吶喊，則當然須聽將令的了，所以我往往不恤用了曲筆……」

魯迅表現出熱血的憤怒與激情、暢快的諷刺和揶揄，在陰暗的色調中給前進的人留有一綫希望，但說明既是吶喊，受喚者則須聽從將令的要求！由於魯迅性情孤僻及冷酷，很容易誤會為對人尖酸刻薄，以及對一切都懷有疑慮和敵意等等，魯迅像成為了一個不可接近的「陰陽臉的老人」。把魯迅作了這種歪曲播述的人，不是年少氣盛，便是對魯迅的不了解，甚至對他的言詞加以否定！

1 《吶喊》版本新考，陳子善，《中國現代文學研究叢刊》，2017 年第 8 期。

魯迅（1881–1936）本名周樹人，浙江紹興人。夏志清稱：「魯迅是中國最早用西式新體寫小說的人，也被公認為最偉大的現代中國作家。」

圖右為許廣平（1898–1968）是魯迅的第二任妻子，廣東廣州人，未結婚前是魯迅的學生，兒子為周海嬰。

1923 年 8 月，新潮社出版魯迅首本創作集《吶喊》初版，收入魯迅於 1918 年至 1922 年所寫的 15 篇中短篇小說，包括〈狂人日記〉、〈孔乙己〉、〈故鄉〉、〈阿 Q 正傳〉及〈不周山〉等。

魯迅《吶喊》居十大好書榜首

投票反應熱烈 現代文學較受歡迎

本年中學生十大好書龍虎榜已揭盅，文壇巨人魯迅不但成爲中學生心目中最喜愛的作家，其著名作品《吶喊》，更獲最高票數登上十大好書的首榜位置。

是次「中學生好書龍虎榜」已是第十二年舉辦，主辦單位包括香港電台文教組、香港公共圖書館及教協普及閱讀獎勵計畫，而大會共收到超過五萬份投票表格，顯示反應非常熱烈，其中尤以初中生的投票情況較爲踴躍。

共收逾五萬份投票

香港電台文教節目總監鄭啓明表示，在書目投選方面，高中生較多選擇年份較早的書籍，如歷史及傳統小說；另外男女生在選擇書本類型上亦見差異，男生較喜歡以校園或球場爲背景的書籍，女生則喜歡內容較感性的類別。

本地作家作佔七成

在最後十種好書之中，本地作家作品佔了七本之多，反映本地作家廣受中學生認識及喜愛，不過中學生最喜愛的作家，則是對中國現代文學有巨大貢獻的魯迅，其作品《吶喊》亦以最多票數成爲十大好書之首。（見表）

另外，昨日頒獎禮除揭曉十本中學生投票選出的好書外，亦頒發「最踴躍投票學校獎」、「最佳讀後感」、「書評寫作比賽」、「書籤設計比賽」、「最喜愛作家」等多個優勝獎項，其中迦密栢雨中學就更奪「最踴躍投票學校獎」冠軍。

本報記者

21/5/2000
星島日報

2000 年 5 月 21 日，星島日報港聞報道「魯迅《吶喊》居十大好書榜首」，魯迅亦是中學生心目中最喜愛的作家。

與魯迅翻臉

葉靈鳳的日記共有34篇關於魯迅的記錄，首篇寫於1946年5月3日，最後一篇則於他離世之前的一年1974年4月6日記下。這34篇日記橫跨差不多28年，由最早篇提及「聊伸對魯迅的一口氣」，至最後於眼疾下寫成的〈大陸新邨與魯迅故居　景雲里〉，以記1957年葉靈鳳回上海參觀魯迅故居一事，以及他緬懷過去與魯迅的前塵往事。

交惡魯迅

過去葉靈鳳的文章、隨筆或散文，不太透露自己與魯迅的糾葛及交惡的前因後果，亦沒有任何申辨或解釋，很難了解他的內心感受，但事情總有揭露的一天。在1936年9月16日《論語》半月刊第96期，葉靈鳳發表了一篇三頁紙長的〈獻給魯迅先生〉，提到他與魯迅碰面後的反應如下：

我與魯迅先生在各種場合下也先後見過幾面，我認識他，他大約也認識我，但是從不曾講過話。近年偶爾遇見，他老先生雖然「豐采依然」，可是我早已唇不紅，齒不白，頭髮也不光了，我以為早已各捐舊嫌，你印你的木刻，我玩我的藏書票，兩不相犯，誰知讀了「花邊文學」，才知道「天長地久有時盡，此恨綿綿無絕期」，倒使我又要擔心起來了。

從葉靈鳳提到魯迅先生的《花邊文學》，這本散文於 1936 年 6 月由上海聯華書局初版，封面由魯迅親自設計，他常用敵人對他的稱謂將計就計，予以反擊。從「天長地久有時盡，此恨綿綿無絕期」，葉靈鳳認為魯迅完全沒有忘記他們的交惡，舊嫌仍在，他自然擔心起來。

15 年後的 1951 年 8 月 8 月，葉靈鳳在日記中寫下他與魯迅之間的交情，猶如陌路人，如下：

「我與魯迅翻臉極早，因此從未通過信。也從未交談過。左聯開會時只是對坐互相觀望而已。在內山書店也時常相見，但從不招呼。」

1928 年，魯迅在上海景雲里寓所。

1933 年，魯迅在上海與右起蔡元培、宋慶齡、蕭伯納 (George Bernard Shaw)、史沫特萊 (Agnes Smedley) 合影。

「創造社」郭沫若

與魯迅翻臉事件開始發生在「創造社」靈魂人物郭沫若身上，在革命方向上他與魯迅相差不遠，但在文學態度上兩人的差異卻日益加大，摩擦也日漸加深。當時發生爭拗是在上海《時事新報》的綜合性學術副刊《學燈》上，它與《民國日報》副刊《覺悟》及《晨報》副刊，被稱為新文化運動的三大副刊。1920 年 10 月 10 日，《學燈》刊登了四篇文章，刊登次序如下：

- 第一篇：周作人翻譯的日本小說
- 第二篇：魯迅的《頭髮的故事》
- 第三篇：郭沫若的《棠棣之華》（第一幕）
- 第四篇：茅盾譯的愛爾蘭作家的獨幕劇

郭沫若對《學燈》的排版非常不滿，並就次序問題向《學燈》編輯致信提訴：「翻譯是媒婆，創作是處女，處女應該加以尊重，媒婆應當稍加遏抑」。郭沫若認為他的創作文章是「處女」，周作人是翻譯別人的東西，是「媒婆」，他不應排在周作人的譯文之後。他表面上是為創作爭地，其實是為自己在文壇上爭地位。這封信公開發表後，立刻引起了周作人和魯迅等人的不滿。

1921 年 7 月郭沫若、郁達夫和成仿吾等成立「創造社」，和魯迅支持的「文學研究會」分庭抗禮。因此，魯迅對郭沫若等人更是不以為然。後來，魯寫信給周作人說：「又云郭沫若在上海編《創造》。我近來大看不起沫若田漢之流。又云東京留學生中，有喝加菲而自稱頹廢派者，可笑也」。隨後數年，魯迅仍對創造社頗有成見。

「創造社」代表人物郭沫若（1892－1978）。

赴香港演講

1927 年 1 月，魯迅從廈門大學轉到廣州中山大學任教，除當上教務主任外，還兼文學系主任。同年 2 月中旬，魯迅應邀赴香港演講，同來的還有魯迅的學生兼翻譯的許廣平，演說地點位於港島荷里活道必列者士街的基督教青年會禮堂。魯迅於 2 月 18 日及 19

日共作了兩場演講，講題分別為〈無聲的中國〉和〈老調子已經唱完〉，以表達對中國命運的關切和求變的信念。1927 年 2 月 21 日，《華僑日報》更刊登了魯迅於 2 月 18 日首篇〈無聲的中國〉的講詞，題目為〈周魯迅先生演說詞〉，並註明由許廣平女士傳譯。

當時香港文壇冷落，萬籟無聲，知識分子及青年人對此感概非常，這一切香港的現象給魯迅的印象很壞，但卻不妨礙他對香港的寄望。魯迅說：「就是沙漠也不要緊的，沙漠也是可以變的。」1927 年 9 月，魯迅離開廣州赴上海，並與許廣平在上海開始同居生活。12 月，與梁實秋等人就「第三種人」、「自由人」發生論爭，雙方爭論持久。1928 年，魯迅與「創造社」主要成員包括郭沫若、成仿吾、馮乃超、張資平等就「革命文學」問題展開激烈論爭。郭沫若說魯迅是資本主義以前的一個封建餘孽，甚至罵魯迅是一位不得志的 FASCIST（法西斯諦）！魯迅回他一句「才子加流氓」，以後郭沫若被魯迅罵得最狠。

流氓畫家

於 1929 年 11 月，葉靈鳳的小說《窮愁的自傳》發表於《現代小說》第三卷第二期，小說中的主角魏日青說：「照着老例，起身後我便將十二枚銅圓從舊貨攤下買來的一冊《吶喊》，撕下三頁到露台上去大便。」假若「到露台上去大便」時拿着整本《吶喊》，那可能是像歐陽修「三上」之「廁上」閱讀，但從《吶喊》上撕下三頁，顯然不是看書，而是去揩屁股。《吶喊》受到葉靈鳳如此侮辱，魯迅怎肯善罷甘休，一定毫不客氣地對葉靈鳳還擊。

1931 年 7 月 20 日，魯迅的演講稿〈上海文藝之一瞥〉公開發表，魯迅批評「創造社」等人是「才子加流氓」，特別指明是葉靈鳳、郭沫若和張資平，其內文：

> 這是說，郭沫若和張資平兩位先生的稿件。這以來，據我所記得，是創造社也不再審查商務印書館出版物的誤譯之處，來作專論了。這些地方，我想，是也有些才子加流氓式的。……新的流氓畫家葉靈鳳先生的畫是從英國的畢亞茲萊剝來的……他描寫革命家，徹底到每次上茅廁時候都用我的《吶喊》揩屁股，現在卻竟會莫名其妙地跟在所謂民族主義文學家屁股後面了。

魯迅直接指出葉靈鳳畫作是抄襲自畢亞茲萊，將「流氓畫家」的帽子套在葉靈鳳的頭上。這還未完，魯迅在〈且介亭雜文．答〈戲〉週刊編者信〉中寫有「葉先生還畫了一幅阿 Q 像，好像我那一本《吶喊》還沒有在上茅廁時候用盡，倘不是多年便秘，那一定是又買了一本新的了。」

悔其少作

1936 年 9 月 16 日，葉靈鳳在《論語》半月刊第 96 期發表〈獻給魯迅先生〉，文中提到自己用俄國嶄新的畫法畫了一張魯迅先生的畫像，是千不該，萬不該，惹起魯迅先生發了火和結了怨，並對此深感後悔，內文為：

這樣，又過了幾年，時代進展了，誰都「進步」起來，我看見美國《新羣眾》等刊物上的新派諷刺畫，又手癢起來，這時恰巧又買到一部德國人著的關於蘇聯文化生活的書，附有大批的圖片，那種嶄新的俄國雄健的畫法，我更手癢了。千不該，萬不該，我那時竟用這樣的畫法畫了一張魯迅先生的畫像，參加了那時正在激烈的「醉眼朦朧」的戰爭，雖然照例受到了讚賞，但這一來卻和魯迅先生結下冤家了。

一個月多的時間後，魯迅於 1936 年 10 月 19 日在上海因肺結核病去世，終年 55 歲。閱過絲韋（即羅孚）寫的〈葉靈鳳的後半生〉，曾提及「葉靈鳳前半生和他在上海都挨過魯迅的罵，而葉靈鳳更是首先『圖文並謬』地罵過魯迅。挨魯迅罵過的，未必都是壞人，這樣的事例有的是。而罵過魯迅的，『悔其少作』的更不乏其人。當六、七十年代朋友們有時和葉靈鳳談起他這些往事時，他總是微笑，不多作解釋，只是說，我已經去過魯迅先生墓前，默默地表示過我的心意了。」

1957 年《魯迅全集・三閒集》中，《文壇的掌故》註文中對葉靈鳳的註釋為：「葉靈鳳，當時雖投機加入創造社，不久即轉向國民黨方向去，抗日時期成為漢奸文人」。1981 年新版中，投機、漢奸字眼已被刪去，註釋也變成了：「葉靈鳳，江蘇南京人，作家，畫家」。葉靈鳳足足被扣了二十多年的污名終被平反，但可惜他於 1975 年因病過世，不能親眼目睹。

1936 年 9 月 16 日，葉靈鳳的〈獻給魯迅先生〉發表在《論語》半月刊第 96 期。圖為《論語》的封面。

獻給魯迅先生

獻給魯迅先生

葉靈鳳

最近病後的魯迅先生發表了一篇答徐懋庸的長信，引起好多人的注意，大家都在口頭上紙上談魯迅，這封信我雖然也讀過，但我現在寫這篇文章的動機，却是讀了他不久以前出版的雜文集『花邊文學』。

讀了『花邊文學』，才知道魯迅寫雜文所用的筆名，真是神出鬼沒，使人無從捉摸。據說用筆名發表文章有兩種區別：一種是造謠中傷，挑撥離間，或者藉端報復，一面却揑造了一個假名以躲避責任，這是『文人的無行』，是要不得的。另一種則是處在高壓的環境之下，言論不自由，一舉一動受人注意，甚或牽累旁人，又因了自己德高望重，怕編輯先生『另眼看待』，所以寫了文章用筆名發表，而且時時更換，這是『有行的文人』幹的，當然要得。魯迅自己就在『花邊文學』的序文裏，說明他用筆名的動機是屬於後者。

既然這樣，當然不便非議。

三年以前，我曾編過一種『文藝畫報』。既稱畫報，當然有相當的插圖，創刊號出版後不久，我就在那時的中華日報副刊上發現一篇短文，批評這期『文藝畫報』的插圖，指摘在描寫東北情形的文章內，插着日本人作的誇耀滿洲戰功的木刻，在穆時英的小說內，又用了馬賽萊爾的插圖，文章寫得很刻薄。我當時很詫異，覺得這篇短文的作者倒也看過幾本書，至少和我也有相同的嗜好，訂購着日本出版的『版藝術』和『黑與白』。雖然對於他的意見我不敢贊同，因為利用與文字情調相同的圖版作插畫，是外國有插繪的雜誌的慣例，尤其在戴平萬先生描寫失陷後的關外生活的散文中，插入幾幅從『戰爭版畫集』選來的關於滿洲日軍的木刻，我以為正是很好的一種對照，一點也看不出有什麼可笑之處。

這是三年以前的舊事，這回拜讀『花邊文學』，發現這篇短文赫然在內，才知道竟是魯迅的大筆。我撫摩着三年前的這一隻暗箭的創痕，正是『冤有頭，債有主』了！

我和魯迅之間，說來古怪，還是他人所不易看出的，好像有一點衝突，同時又有一點契合。我有一個弱點，喜歡買一點有插圖的書和畫集放在家裏看看，這弱點，他老先生好像也有。但我另有一個弱點，我早年是學過畫的，看來技癢便也信手仿作幾幅，他老先生雖然也畫無常鬼，但對我的畫却不肯恭維，於是天下便多事了。

說來話長，這是今日許多剛擠上『文壇』的後生小子所不知道的，但不妨當作『天寶遺事』一樣的順便來談談。

是十年以前的舊事了，郁達夫介紹了『黃面誌』，田漢又翻譯了王爾德的『莎樂美』，使我知道了英國的薄命畫家比亞茲萊，對於他的畫起了深深的愛好，當然，那時誰都有一點浪漫氣份，何況是一個酷好文藝美術未滿二十歲的青年，我便設法買到了一冊近代叢書本的比亞茲萊畫集，看了又

—1164—

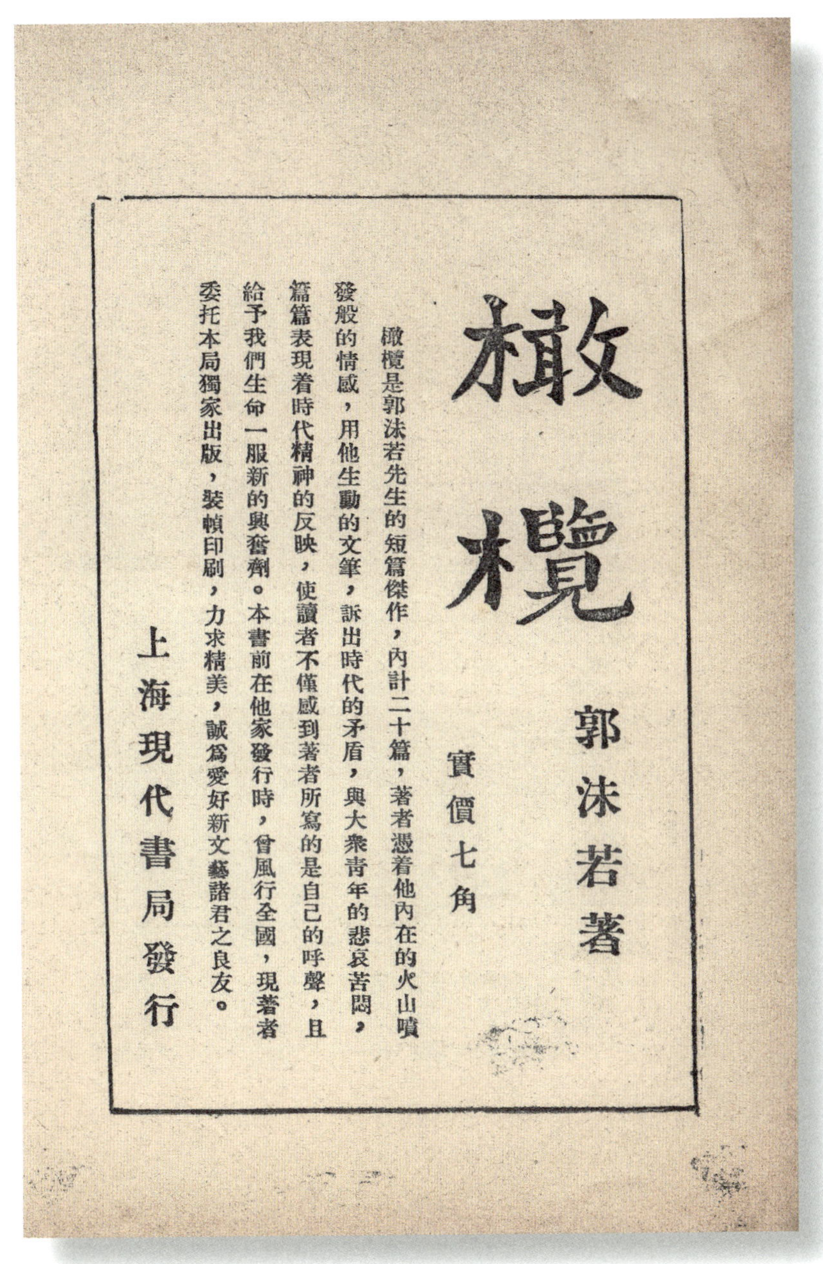

1929 年郭沫若《橄欖》的廣告介紹，含有 20 篇短篇傑作，由上海現代書局發行。

1974 年 4 月《海洋文藝》雙月刊創刊號出版，名家雲集，包括阮朗、張雨、葉靈鳳、夏炎冰、舒巷城、蕭銅、彥火等。

1974 年 4 月《海洋文藝》創刊號載有葉靈鳳的《記憶的花束》之〈大陸新邨與魯迅故居〉及〈景雲里〉。

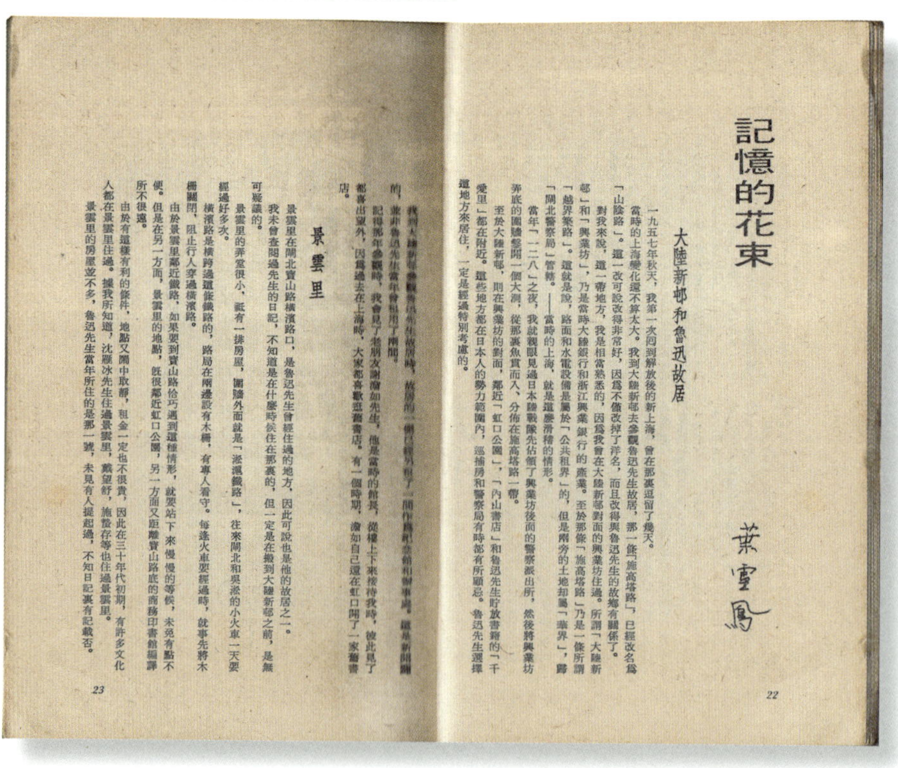

記憶的花束

大陸新邨和魯迅故居

葉靈鳳

一九五七年秋天，我第一次回到解放後的新上海，曾在那裏逗留了幾天。

當時的上海變化還不算太大。我到大陸新邨去參觀魯迅先生故居，那一條「施高塔路」，已經改名爲「山陰路」。這一改可說改得非常好，因爲不僅改掉了洋名，而且改得與魯迅先生的故鄉有關係了。

對我來說，這一帶地方，我是相當熟悉的，因爲我曾在大陸新邨對面的興業坊住過。所謂「大陸新邨」和「興業坊」，乃是當時大陸銀行和浙江興業銀行的產業。至於那條「施高塔路」乃是一條所謂「越界築路」。這就是說，路面和水電設備是屬於「公共租界」的，但是兩旁的土地卻屬「華界」，歸「閘北警察局」管轄。——當時的上海，就是這麼滑稽的情形。

當年「一二八」之夜，我就親眼見過日本陸戰隊先佔領了興業坊後面的警察派出所，然後將興業坊弄底的圍牆鑿開一個大洞，從那裏魚貫而入，分佈在施高塔路一帶。

至於大陸新邨，則在興業坊的對面，鄰近「虹口公園」，「內山書店」和魯迅先生貯放書籍的「千愛里」都在附近。這些地方都在日本人的勢力範圍內，巡捕房和警察局有時都有所顧忌。魯迅先生選擇這地方來居住，一定是經過特別考慮的。

22

我到大陸新邨參觀[illegible]時，故居的[illegible]另租了一間[illegible]。這是新開闢的，並非魯迅先生當年[illegible]。

記得那年參觀時，我會見了老朋友謝澹如先生，他是當時的館長，從樓上下來接待我時，彼此見了都喜出望外，因爲過去在上海時，大家都喜歡逛舊書店。有一個時期，澹如自己還在虹口開了一家舊書店。

景雲里

景雲里在閘北寶山路橫濱路口，是魯迅先生曾經住過的地方，因此可說也是他的故居之一。我未曾查閱過先生的日記，不知道是在什麼時候住在那裏的，但一定是在搬到大陸新邨之前，是無可疑議的。

景雲里的弄堂很小，祇有一排房屋，圍牆外面就是「淞滬鐵路」，往來閘北和吳淞的小火車一天要經過好多次。

橫濱路是橫跨過這條鐵路的，路局在兩邊設有木柵，有專人看守。每逢火車要經過時，就事先將木柵關閉，阻止行人穿過橫濱路。

由於景雲里鄰近鐵路，如果要到寶山路恰巧遇到這種情形，就要站下來慢慢的等候，未免有點不便。但是在另一方面，景雲里的地點，既很鄰近虹口公園，另一方面又距離寶山路底的商務印書館編譯所不很遠。

由於有這樣有利的條件，地點又鬧中取靜，租金一定也不很貴，因此在三十年代初期，有許多文化人都在景雲里住過。據我所知道，沈雁冰先生住過景雲里，戴望舒，施蟄存等也住過景雲里。

景雲里的房屋並不多，魯迅先生當年所住的是那一號，未見有人提起過，不知日記裏有記載否。

23

葉靈鳳加入戰場

作為創造社的新秀，又是郭沫若及成仿吾的愛將，葉靈鳳亦加入了這個「文學戰場」，以他手中的一支筆作為還擊魯迅的工具。1928 年 5 月 1 日，剛滿 23 歲的文藝青年葉靈鳳，創立及主編《戈壁》半月刊，該刊由光華書局發行，每月發行兩冊，定價為一角五分，出至第四期停刊。

《戈壁》創刊號

在《戈壁》創刊號上，除了發表自己的畫作〈未來的勝利〉及〈我們的文壇〉外，還寫有散文〈笑〉、〈關於「一個革命者的回憶」〉及〈曾仲鳴的堪克賓〉、譯作〈一個革命者的回憶〉及〈馬克斯的死與葬〉外，還有一個特別專欄名叫「難省事！ NONSENSE！」。葉靈鳳在這個專欄上有以下介紹：

「難省事」是 Nonsense 的譯音。本欄專載光怪陸離，下流醜惡，小資產階級與革命階級大家所不齒的雜文。極歡迎來稿，愈短愈好。僅管罵人，只要罵得有理。不妨玩笑，但要笑而有趣。可以假名發表，但真名須預先告訴。

首篇「難省事」由葉靈鳳以筆名「白門秋生」發表，文章題目為〈雜誌新語〉，提及的雜誌包括有創造社的《創造月刊》、魯迅的《語絲》及葉靈鳳的《戈壁》半月刊等等。在諷刺《語絲》一文中，寫有「語絲曰：亦一時之雄也，而今簡直不行了。地之不可遷。人之不可少罵，幽默之已不行時。」另外一篇名為〈無聊的消息〉，署名小子（亦是葉靈鳳筆名），內文寫有「郁達夫與魯迅要組織聯合戰線，同辦一個刊物。確乎否乎，不得而知。惟是二老相逢，枯楊生梯，一定另有新的花樣，拭目以待。」

《戈壁》第二期

1928 年 5 月 15 日，《戈壁》雜誌第二期上刊有葉靈鳳的一幅模仿西歐立體派的諷刺魯迅的漫畫，名叫「魯迅先生」，並附有說明：「魯迅先生，陰陽臉的老人，掛着他已往的戰績，躲在酒缸的後面，揮着他『藝術的武器』，在抵禦着紛然而來的外侮。」該葉靈鳳所畫的漫畫刊出後，引起外界很大迴響，令魯迅非常生氣。同年 8 月魯迅寫〈革命咖啡店〉予以回擊，主要內文如下：

何況既喝咖啡，又領「教益」呢？上海灘上，一舉兩得的買賣本來多。大如弄幾本雜誌，便算革命；小如買多少錢書籍，即贈送真絲光襪或請吃霜淇淋——雖然我至今還猜不透那些惠顧的人們，究竟是意在看書呢，還是要穿絲光襪。至於咖啡店，先前只聽說不過可以兼看舞女，使女，「以飽眼福」罷了。誰料這回竟是「名人」，給人「教益」，還演「高談」「沉思」種種好玩的把戲，那簡直是現實的樂園了。但我又有幾句聲明——就是：這樣的咖啡店裏，我沒有上去過，那一位作者所「遇見」的，又是別一人。因為：一，我是不喝咖啡的，我總覺得這是洋大人所喝的東西（但這也許是我的「時代錯誤」[1]），不喜歡，還是綠茶好。二，我要抄「小說舊聞」之類，無暇享受這樣樂園的清福。三，這樣的樂園，我是不敢上去的，革命文學家，要年青貌美，齒白唇紅，如潘漢年葉靈鳳輩，這才是天生的文豪，樂園的材料；如我者，在《戰線》上就宣佈過一條「滿口黃牙」[2]的罪狀，到那裏去高談，豈不褻瀆了「無產階級文學」麼？還有四，則即使我要上去，也怕走不到，至多，只能在店後門遠處彷徨彷徨，嗅嗅咖啡渣的氣息罷了。你看這裏面不很有些在前線的文豪麼，我卻是「落伍者」，決不會坐在一屋子裏的。

以上都是真話。葉靈鳳革命藝術家曾經畫過我的像[3]，說是躲在酒罈的後面。這事的然否我不談。現在所要聲明的，只是這樂園中我沒有去，也不想去，並非躲在咖啡杯後面在騙人。

---

1 「時代錯誤」成仿吾在《洪水》第三卷第二十五期（一九二七年一月）發表的《完成我們的文學革命》中，說當時的文學出版物「在創作上是時代錯誤的趣味的高調，在評論上是狂妄的瞎說的亂響」。

2 「滿口黃牙」《流沙》第三期（一九二八年四月十五日）刊有署名心光的《魯迅在上海》一文，其中攻擊魯迅說：「你看他近來在『華蓋』之下哼出了一聲『醉眼中的朦朧』來了。但他在這篇文章裏消極的沒有指摘出成仿吾等的錯誤，積極的他自己又不屑替我們青年指出一條出路來，他看見旁人的努力他就妒忌，他只是露出滿口黃牙在那裏冷笑。」

3 葉靈鳳諷刺魯迅的漫畫《魯迅先生》，載於上海《戈壁》第一卷第二期（一九二八年五月）。

另外，葉靈鳳以筆名「黑木」在「難省事！NONSENSE！」一欄發表了一篇名為〈魯迅罵人的策略〉，說魯迅之筆以酸尖刻薄而出名，其罵人手法有其一定之「孫子兵法」，寫有罵西瀅時代，罵高長虹時代及罵革命文學家時代。特別在革命文學家時代，葉靈鳳說魯迅專用假名字寫隨感錄罵，集對方的人的文句來罵，在旁人作品的按語上罵，給旁人的回信上罵，借旁人的來函罵，叫弟弟們化名來幫着罵，在啟事裏面罵。葉靈鳳以「黔驢驢技，止於此，新的出，再介紹」來結束這篇諷刺及挖苦魯迅的文章。

《戈壁》第三期

1928 年 6 月 1 日發行之《戈壁》第 1 卷第 3 期，與葉靈鳳合編《幻洲》的潘漢年寫有〈信手寫來〉，在其首篇〈不必要的聲明〉中提及：「自從無聊的幻洲居然被禁以來，許久沒有信手寫來了，所以戈壁出版了兩期，都是靈鳳一人偏勞，我未著隻字，對負編輯責任的靈鳳，以及負發行責任的靜廬都是十分抱歉，尤其是靜廬再三索稿，終是懶懶的寫不出甚麼東西，這是令我自己愧怍異常的事……」

從中可以知道，《戈壁》差不多是葉靈鳳的一人創作，一人獨唱，除以葉靈鳳為作者名字外，大部分都以不同筆名代稱，有些還是首次使用的包括秋生、白門秋生、小子、雨品巫、黑木、米星如、靈鳳、朱上仁、都逵天、義務律師等等。《戈壁》之創設及目的，葉靈鳳在「歡迎投稿」中已經表明：「在擺脫一切舊勢力的壓迫與縛束，以期能成一無顧忌地自由發表思想之刊物，因此十分歡迎同時代的青年朋友投稿，稿件性質，並無限制，一切創作、詩歌、雜文、圖畫、批評、介紹、翻譯、討論，均所歡迎，惟文字須精鍊確實，勿冗長虛泛。不便登載者可以退還。來件請寄上海四馬路光華書局轉戈壁編輯部收」。

《戈壁》第四期

1928 年 6 月 16 日發行之《戈壁》第 1 卷第 4 期，沒有前三期較突出的文章及「難省事！NONSENSE！」。目錄包括〈巴比塞像〉(銅圖)、〈他們的路〉(巴比塞著)靈鳳譯、〈戰士與詩人〉(詩)逝波、〈死的幸福〉(法郎士著)秋生譯、〈控鶴新記〉(小品)靈鳳、〈克利寧的風景〉(畫)克寧斯基、〈青春的綴飾〉(創作)謝晨光、〈一個革命者的回憶〉(續)靈鳳譯、〈純潔的吻〉(創作)沈松泉。

再者，於 1929 年 11 月，葉靈鳳的小說《窮愁的自傳》發表在《現代小說》第三卷第二期，小說中的主角魏日青說：「照着老例，起身後我便將十二枚銅圓從舊貨擔上買來的一冊《吶喊》，撕下三頁到露台上去大便。」顯然並非用於閱讀，而是拿去當作揩屁股的紙張，此文當然惹怒魯迅。

1928 年 5 月 1 日，葉靈鳳創立及主編《戈壁》半月刊，由光華書局發行，出至第四期停刊。圖為《戈壁》創刊號的封面。

1928 年 5 月 15 日《戈壁》半月刊第二期出版，刊有葉靈鳳的一幅模仿西歐立體派的諷刺魯迅的漫畫，名為「魯迅先生」，令魯迅非常生氣。

1929 年 11 月，葉靈鳳的《窮愁的自傳》發表於《現代小說》第三卷第二期。圖為《現代小說》該期的封面。

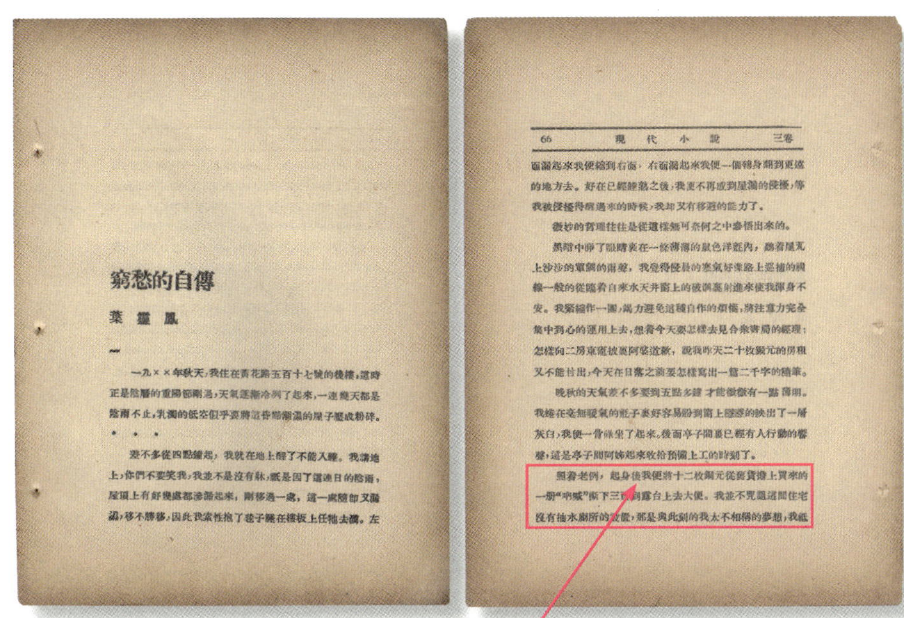

窮愁的自傳

葉靈鳳

一

一九××年秋天，我住在靑花路五百十七號的樓樓，這時正是陰曆的重陽節剛過，天氣逐漸冷冽了起來，一連幾天都是陰雨不止，乳濁的低空似乎要將這昏暗潮濕的屋子壓成粉碎。

・・・

差不多從四點鐘起，我就在地上醒了不能入睡。我講地上，你們不要笑我，我並不是沒有牀，祗是因了這連日的陰雨，屋頂上有好幾處都滲漏起來，剛移過一處，這一處隨卽又漏濕，移不勝移，因此我索性抱了毯子睡在樓板上任牠去濕。左

66　現代小說　三卷

面漏起來我便縮到右面，右面漏起來我便一個轉身翻到更遠的地方去。好在已經睡熟之後，我更不再感到屋漏的侵擾，等我被侵擾得醒過來的時候，我却又有移避的能力了。

微妙的哲理往往是從這樣無可奈何之中參悟出來的。

黑暗中睜了眼睛裹在一條薄薄的鼠色洋氈內，聽着屋瓦上沙沙的單調的雨聲，我覺得侵晨的寒氣好像路上巡捕的視線一般的從臨着自來水天井窗上的破洞裏射進來使我渾身不安。我緊縮作一團，竭力避免這種自作的煩惱，將注意力完全集中到心的運用上去，想着今天要怎樣去見合衆書局的經理；怎樣向二房東寵彼裏阿婆道歉，說我昨天二十枚銅元的房租又不能付出，今天在日暮之前要怎樣寫出一篇二千字的隨筆。

晚秋的天氣差不多要到五點多鐘才能微微有一點黎明。我蜷在毫無暖氣的氈子裏好容易盼到窗上隱隱的映出了一層灰白，我便一骨碌坐了起來。後面亭子間裏已經有人行動的響聲，這是亭子間阿姊起來收拾預備上工的時刻了。

照着老例，起身後我便將十二枚銅元從舊貨擔上買來的一册"吶喊"撕下三頁到露台上去大便。我並不咒詛這間住宅沒有抽水廁所的設置，那是與此刻的我太不相稱的夢想，我祗

照着老例，起身後我便將十二枚銅元從舊貨擔上買來的一册"吶喊"撕下三頁到露台上去大便。我並不咒詛這間住宅沒有抽水廁所的設置，那是與此刻的我太不相稱的夢想，我祗

1929 年 11 月，《現代小說》第三卷第二期載有葉靈鳳的小說《窮愁的自傳》，主角魏日青說：「照着老例，起身後我便將十二枚銅元從舊貨擔上買來的一冊『吶喊』撕下三頁到露台上去大便。」

1957 年 10 月，《文藝世紀》載有「魯迅先生逝世廿一週年紀念特輯」，葉靈鳳特別寫有〈魯迅先生在香港〉。

霜紅室隨筆

霜崖

魯迅紀念與香港

今年是魯迅先生誕生八十週年紀念，同時又是他逝世二十五週年紀念。他的逝世紀念日期在下一月，但是誕辰則在本月二十五日，因此國內自北京上海廣州以至他的故鄉紹興，已經紛紛開始舉行紀念會和展覽會。香港在目前雖然還不會對這位偉大的文化導師有什麼紀念的活動，但想來大家一定是不甘緘默的。因爲在這海隅之地，當年魯迅先生不僅往來駐足過幾次，而且還專誠到這裏的青年會作過兩次演講。一次講了「無聲的中國」，一次講了「老調子已經唱完」。

當年聽過魯迅先生演講的人，至今仍留在這裏的，一定仍不少。他們如果肯出來向大家談談當年對魯迅先生的印象，這種第一手的敍述，不僅又可貴又有趣，同時也是研究魯迅先生與香港關係的好資料。

今天的香港，與「略談香港」和「再談香港」裏的香港，已經有了怎樣的距離，我們趁這機會來比較檢討一下，也該是一件極有趣的事情。

魯迅先生同香港發生關係，是在他在廈門大學和廣州中山大學任教期內。這是他第一次到南方來，也是最後一次到南方來。對他個人來說，在生活和思想上所產生的影響也很大。他這時所寫的文章，開始將純粹的散文與雜文揉和在一起，賦與一種新的面目和任務。如那篇在廣州所寫的「在鐘樓上」，就是一個好例子。寫的像是自己的身邊瑣事，可是所反映的卻那麼廣闊，並且所諷刺的又那麼深刻。這時期所寫的散文和雜文，比起他回到上海以後所發表的作品，是另有一種風格的。

魯迅先生給廣東文化留下了很大的影響，但他自己也從這革命的搖籃地吸收了不少養料。他不僅聽懂了廣東人口頭上的三字經，學會了吃楊桃，也深深欽佩廣東人熱情強悍不妥協的精神。

中國的新興木刻運動，也是首先在南邊發生的，魯迅先生後來對當年那些青年木刻家的提攜和幫助，也與他在廣州那一段的生活有關。

在廈門和廣州之間，香港總算同魯迅先生拉上了一點關係。雖然當年在他的口中和筆下，香港所得的評價並不很光榮，但他的苦口婆心和一番誠意是值得令人反省的。因此我希望在這全國性的紀念活動期中，香港不要完全緘默才好。

1961 年 9 月 26 日，香港新晚報「下午茶座」副刊，載有作者霜崖（葉靈鳳筆名）寫的《霜紅室隨筆》之〈魯迅紀念與香港〉。

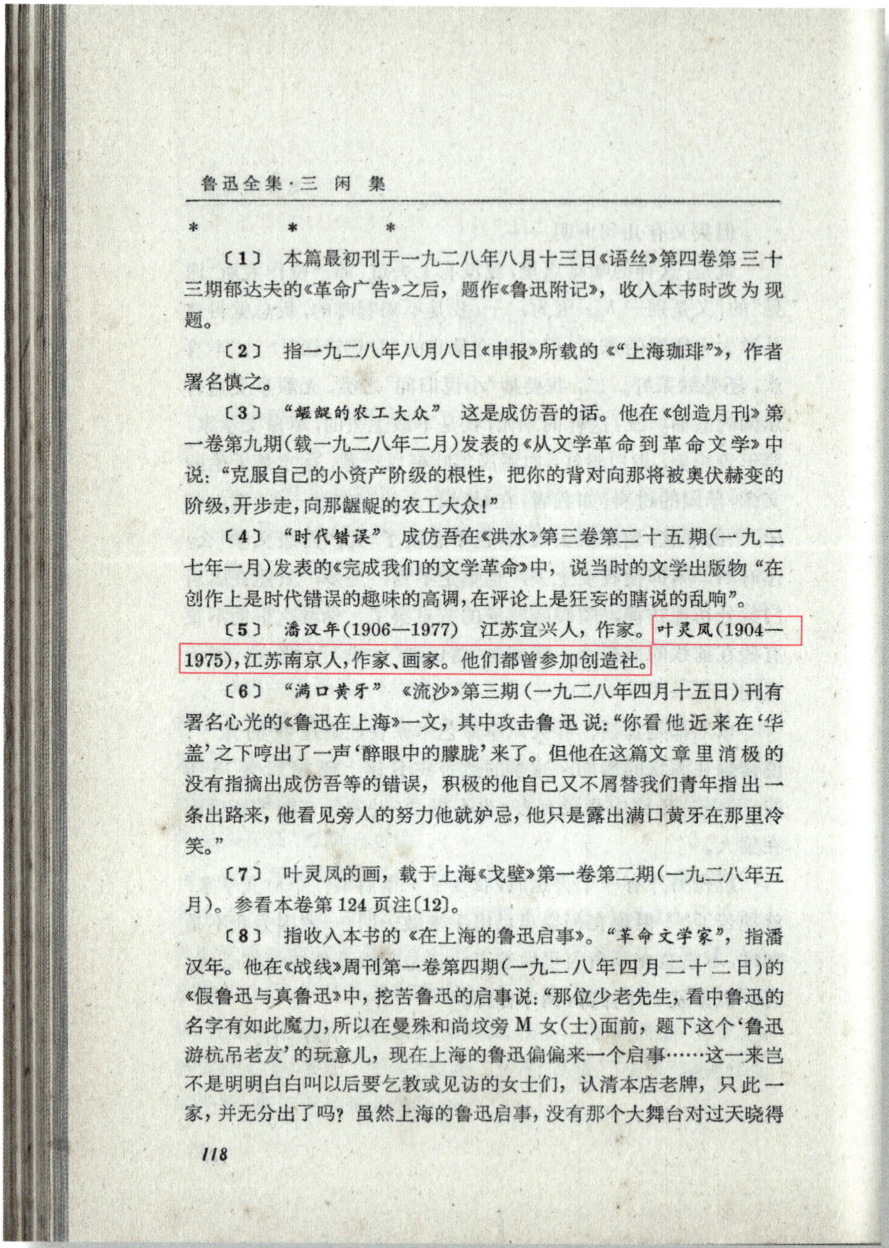

鲁迅全集·三 闲 集

* * *

〔1〕 本篇最初刊于一九二八年八月十三日《语丝》第四卷第三十三期郁达夫的《革命广告》之后，题作《鲁迅附记》，收入本书时改为现题。

〔2〕 指一九二八年八月八日《申报》所载的《"上海珈琲"》，作者署名慎之。

〔3〕 **"龌龊的农工大众"** 这是成仿吾的话。他在《创造月刊》第一卷第九期(载一九二八年二月)发表的《从文学革命到革命文学》中说："克服自己的小资产阶级的根性，把你的背对向那将被奥伏赫变的阶级，开步走，向那龌龊的农工大众!"

〔4〕 **"时代错误"** 成仿吾在《洪水》第三卷第二十五期(一九二七年一月)发表的《完成我们的文学革命》中，说当时的文学出版物"在创作上是时代错误的趣味的高调，在评论上是狂妄的瞎说的乱响"。

〔5〕 **潘汉年**(1906—1977) 江苏宜兴人，作家。**叶灵凤**(1904—1975)，江苏南京人，作家、画家。他们都曾参加创造社。

〔6〕 **"满口黄牙"** 《流沙》第三期(一九二八年四月十五日)刊有署名心光的《鲁迅在上海》一文，其中攻击鲁迅说："你看他近来在'华盖'之下哼出了一声'醉眼中的朦胧'来了。但他在这篇文章里消极的没有指摘出成仿吾等的错误，积极的他自已又不屑替我们青年指出一条出路来，他看见旁人的努力他就妒忌，他只是露出满口黄牙在那里冷笑。"

〔7〕 叶灵凤的画，载于上海《戈壁》第一卷第二期(一九二八年五月)。参看本卷第124页注〔12〕。

〔8〕 指收入本书的《在上海的鲁迅启事》。**"革命文学家"**，指潘汉年。他在《战线》周刊第一卷第四期(一九二八年四月二十二日)的《假鲁迅与真鲁迅》中，挖苦鲁迅的启事说："那位少老先生，看中鲁迅的名字有如此魔力，所以在曼殊和尚坟旁M女(士)面前，题下这个'鲁迅游杭吊老友'的玩意儿，现在上海的鲁迅偏偏来一个启事……这一来岂不是明明白白叫以后要乞教或见访的女士们，认清本店老牌，只此一家，并无分出了吗？虽然上海的鲁迅启事，没有那个大舞台对过天晓得

118

1981 年《魯迅全集．三閒集》新版中的〈革命咖啡店〉，註文中對葉靈鳳的註釋已改為：「葉靈鳳（1904－1975），江蘇南京人，作家，畫家」。新版中，投機、漢奸字眼已被刪去。

第二章

戰火中的轉折與香港歲月（1928－1949）

雙鳳首次來港

1928 年 12 月 9 日，祖籍江蘇南京的葉靈鳳與廣西姑娘郭林鳳在上海舉行婚禮，儀式簡單而隆重。新郎葉靈鳳身穿白色恤衫配以黑色煲呔，外套為深色西裝直褸，展現穩重的一面，比他的實際年齡 23 歲還要成熟。新娘身穿深色格紋連身裙，短髮紅唇，眼神總流露讓人看不透的迷人魅力，卻隱約透着一點抑鬱。到賀者均來自創造社、現代書局、光華書局、上海漫畫等的作者、畫家及出版公司代表，熱鬧非常！

1930 年 4 月，郭林鳳在上海的家人遭家傭殺害，一家七口被盜殺，凶案轟動一時。郭林鳳的父親郭椿森在事發前因病留醫，郭林鳳與丈夫葉靈鳳在別處居住，父女才避過一劫。不久，葉靈鳳偕妻子打算由上海南下香港與侶倫會面後，再到廣西處理郭林鳳的家事。侶倫在 1928 年開始以筆名李霖投稿葉靈鳳在上海主編之《現代小說》，兩人因此而認識，彼此建立友誼，但素未謀面。

同年夏季，葉靈鳳與郭林鳳從滬首次來港，下榻中環一家旅店。侶倫連同在一家報館裏工作的黃谷柳一起出發到旅店探望他們。這是侶倫第一次與葉靈鳳夫婦會面。侶倫以地主之誼引領他們夫婦倆遊玩了兩天，他們對香港充滿好奇及興趣。在侶倫的慫恿下，他們決定在香港居留一個月。

向水屋

侶倫家住九龍城，鄰近啟德濱，他為自己的住居題了個名字，因為他愛海，恰巧他的住居又對着海，因此題名「向水屋」，並邀得徐悲鴻題字，橫幅寫有「向水屋」三個大字掛於牆壁上。侶倫在自己九龍城的房子附近租了一間樓房給葉氏夫婦，房子座落「宋皇臺」旁邊一間房子的第二層樓，陽台面迎鯉魚門海峽。由於所租的樓房有多餘的房間，侶倫便應邀前往與葉氏夫婦同住，與他們作伴。

侶倫在其筆語《向水屋．故人之思》中寫下：

「從那走馬騎樓向外望，正面是鯉魚門，右面是香港，左面是一條向前伸展的海堤；景色很美。尤其是晚上，海上的漁船燈火在澄明的水面溜來溜去，下面傳來潮水拍岸的有節奏的聲音。在海闊天空之中，人彷彿置身於超然物外的境界……一次月圓之夜。月亮從鯉魚門的魚背上湧出來，在一片銀光映照下，周圍的山嶺有如剪影，海水平滑得像一塊藍色玻璃。」

當時葉靈鳳對香港景色留下了深刻的印象，更憑着九龍城小住的回憶及其文學想像，於 1933 年 7 月創作了著名小說《時代姑娘》。該小說由上海四社出版社發行，四社分別為時事新報、大晚報、申時電訊社及大陸報。當時葉靈鳳以新嘗試及新風格的方式完成這作品，其中小說的序曲描寫香港八景中的「鯉魚夜月」，彷彿將讀者帶到香港現場，以投入小說故事當中，內文如下：

新秋的下弦月，從鯉魚門沉黑的魚背形的山頂上升起來的時候，港裏的海水都泛出鱗一樣的銀灰色的光輝。夜潮在頑固地舐着海岸底下堆積着的亂石。從隔岸望過去，終夜掙扎着的香港的街燈像秋星一樣的在閃着惺忪的睡眼。

一條環繞着山腰的裙帶路，那高低蜿蜒的燈光，在叢樹中時隱時現，使人要疑惑它是突然改變了位置的天河。在夜向籠罩裏，九龍伴着它的對岸的香港島，忘去了日間的煩囂，裹着都市的寢衣，在海的懷抱裏做着它們原始的古樸的夢。

葉靈鳳在《時代姑娘》小說中，創造一個香港與上海相對的故事作背景，寫出男女自由戀愛和傳統道德、社會經濟發展之間的矛盾關係，特別探討女性受到地理環境的轉移，對自身情感命運的探索。故事主角秦麗麗雖然生活在南國小島，卻擁有三十年代上海新女性的典型形象：健康活潑、擅長交際、受過高等教育。她的家在香港，那裏是親情和愛情的歸屬，她私下與韓劍修相戀，但不敢違抗父命，答應與銀行家張仲賢訂婚，在上海卻主動跟隨已有妻室的蕭潔。秦麗麗自覺時代姑娘應該創造時代，不該跟着舊時代的樣式走，可惜她選擇的道路，正步向墮落的深淵⋯⋯。

1928 年葉靈鳳與郭林鳳在上海舉行婚禮，儀式簡單而隆重。圖為兩人的半身照，《上海漫畫》攝影師靜山拍攝。

1928 年 7 月出版的《現代小說》第二卷第一號，由葉靈鳳主編，由上海現代書局發行。侶倫首次以筆名李霖在香港寫了一篇小說《以麗沙白》投稿，而南碧女士（即郭林鳳筆名）則以《破滅》小說向上海現代書局投稿。

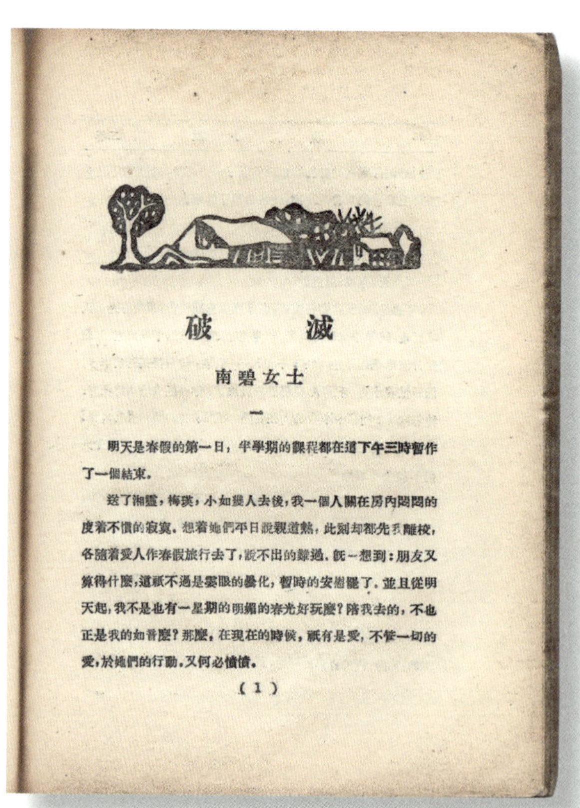

破　　滅

南碧女士

一

明天是春假的第一日，半學期的課程都在這下午三時暫作了一個結束。

送了湘靈，梅瑛，小如幾人去後，我一個人關在房內悶悶的度着不慣的寂寞。想着她們平日說親道熱，此刻却都先我離校，各隨着愛人作春假旅行去了，說不出的難過。既一想到：朋友又算得什麼，這祇不過是雲眼的變化，暫時的安慰罷了。並且從明天起，我不是也有一星期的明媚的春光好玩麼？陪我去的，不也正是我的知音麼？那麼，在現在的時候，祇有是愛，不管一切的愛，於她們的行動，又何必憤憤。

（1）

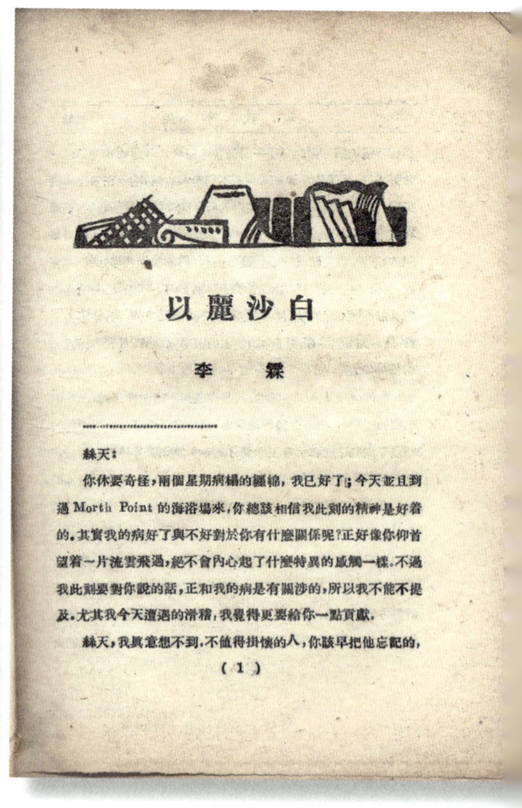

以麗沙白

李　霖

………………………………………

絲天：

你休要奇怪，兩個星期病榻的纏綿，我已好了；今天並且到過 Morth Point 的海浴場來，你總該相信我此刻的精神是好着的。其實我的病好了與不好對於你有什麼關係呢？正好像你仰首望着一片流雲飛過，絕不會內心起了什麼特異的感觸一樣。不過我此刻要對你說的話，正和我的病是有關涉的，所以我不能不提及。尤其我今天遭遇的滑稽，我覺得更要給你一點貢獻。

絲天，我眞意想不到，不值得掛懷的人，你該早把他忘記的，

（1）

1930 年代從白鶴山遠眺九龍城一帶民房，近處可見九龍寨城的城牆，左方近海堤處為啟德濱私人住宅區。

1930 年代獅子山下的九龍城舊照，圖左位置的小山丘為白鶴山，前景可見九龍城一帶的高尚樓房。

《無名草》初版於 1950 年 12 月面世，由虹運出版社出版，商務印書館香港工廠印刷。

侶倫的《向水屋筆語》於 1985 年 7 月初版，由三聯書店香港分店出版。

問世間，情為何物？

葉靈鳳和郭林鳳這「雙鳳」在九龍城住了一個月，在這段日子裏，侶倫幾乎時常倍伴他們。他們居所附近有一家咖啡座，成為了他們主要聚會之地，侶倫的最大嗜好就是在那裏喝紅茶。侶倫由最初認識葉靈鳳和郭林鳳，特別是郭林鳳——這位在廣西復旦大學畢業的姑娘，份外有好感，可惜相逢恨晚！

紅茶、辣椒及醬油

郭林鳳一直於「博學而篤志，切問而近思」的校訓下勤奮讀書，對追求卓越及優才極之嚮往。她對懷着紳士風度、喝紅茶、思想中西交集的侶倫甚為欣賞，相比靈鳳的書倦頭腦，她頗感厭倦。侶倫由最初不多說話，逐漸變得滔滔不絕，外冷內熱的性格，引起林鳳的很大注意。有一次，他們三人在一間名為「By-the-sea」的咖啡館內共進晚飯，當侍應等候他們點餐時，林鳳搶着替侶倫代叫紅茶，對他的紅茶癖好已瞭如指掌，比靈鳳還要清楚。林鳳更面露笑容對着侶倫說：「你這麼愛喝紅茶，就取個名字叫『紅茶』！」侶倫記起林鳳曾對他說：「我自己很愛吃辣椒，而靈鳳則不同，只愛吃醬油，在上海有『醬油精』之稱。」侶倫親切地叫林鳳為「辣椒」，靈鳳則叫「醬油」。

當雙鳳要離別返回上海時，侶倫還依戀與他們相處的日子，記起在海浴場內游泳、海灘上拾螺殼、走馬樓聽蟲鳴、風雨中齊圍讀等等。在這些不短不長的日子裏三人同行，卻在不經意間，有兩人激發了微妙的感情關係。人生本來難有兩個相同的夢境，無論黯淡或是光明，不論眼淚或是微笑，每一種經歷，都如同閃爍而過的瞬間，成為生命中獨特的畫面。侶倫曾一度將筆名改為「林風」以紀念林鳳。在感情的世界裏，侶倫對林鳳的付出，遠遠超過了林鳳所給予他的。那是一段藏於心底、無法忘懷的深情。

「半島爭看一俊才，宋皇臺下寫沉哀；不知十里衙前通，幾見翩翩靈鳳來。」

這一首富有九龍城色彩的詩句，由當時《伴侶》雜誌主編張稚廬為葉靈鳳及侶倫所作，以記念他們踏足富成歷史的九龍城寨、聖山及宋皇臺等地方。《伴侶》為香港早期的文學刊物之一，曾被稱為「香港文學第一燕」的文化雜誌。

左起侶倫、葉靈鳳、郭林鳳、黃谷柳合照，攝於約 1930 年宋皇臺附近。

約 1920 年代位於聖山上的巨石舊照，刻有「宋王臺」三個大字。相傳是宋末少帝被元朝軍隊追殺，被迫流亡至此處，後人為了紀念逃難的宋帝，在大石刻上「宋王臺」名字。

林風與林鳳

魯柏

雜碎

2/1989

去年十月份北京出版的「讀書」月刊，柳蘇寫了一篇文章談侶倫，稱他爲香港文壇的拓荒人。文中談及李林風這名字與郭林鳳的關係。

林風是否爲紀念林鳳而改，我不大清楚，祇知道李林風初時是個筆名，寫的是甚麼文章也記不起了。不過，郭林鳳這個人在他的生命中的確是留下不可磨滅的印象。

郭林鳳認識侶倫，是在她與葉靈鳳訪港時。二人發生微妙的感情關係，却在她第二次訪港。林鳳與靈鳳發生意見，分手了，到香港散悶，住在侶倫家。陪伴她出去玩，買東西的却是侶倫的四妹。我保存一張已發黃褪色的照片，就是林鳳與侶倫的四妹（十一、二歲的小女孩）在宋皇台的小沙灘上玩水。她時時回憶林鳳，說是個溫柔文靜而富同情心的人。林鳳住在他們家裡時，最喜歡唱「小白菜呀，點點黃呀……」那隻歌。抗戰時期，常常聽到他們兄妹合唱，不爲甚麼，祇是一個人唱了，另一個跟着。侶倫實在是同情林鳳，林鳳對這個孝子，又是窮文人的好朋友，也充滿憐愛。據我所知，他們並沒有成爲情人。在感情上，侶倫付出比林鳳多。侶倫對她的戀情，可以在「紅茶」集中某幾篇文章看到，這本書我已送給女兒，要不一定在這裡引用幾行。如果不是張任濤，文藝界還想不起有個侶倫。

1989 年 2 月，魯柏在專欄《雜碎》寫〈林風與林鳳〉。

沅君著的《慈母》一書，包含南碧女士（即郭林鳳的筆名）的小說《破滅》，於滿洲國康德八年（1941 年）十一月十日由盛京書店發行。

沅君著的《慈母》含南碧女士的小說《破滅》，於滿洲國康德九年（1942 年）八月一日由盛京書店發行。

紅顏薄命

葉靈鳳與郭林鳳返回上海後，經常因家庭瑣事而爭吵，令左鄰右里為之側目。靈鳳亦因忙於出版社的工作，無暇與林鳳好好溝通以修補關係。從種種痕跡看來，雙鳳夫婦間的感情出現了嚴重分歧，究竟發生了甚麼事情？

原來靈鳳在未與林鳳往香港前，兩者感情已出現嚴重問題。他曾在《白葉雜記》提及過：「這好比一個有了丈夫的女子，忽然又傾心戀愛了旁人，我們拏法律和道德去勸她叫不要這樣做，實在是不可能的事。因為她的心已經變了。」

正如靈鳳提過：一個變了心的女子，怎樣勸她也不能改變她的喜惡！也許林鳳太年青便嫁予靈鳳，未曾在浩瀚的愛海裏漂浮過、遇溺過或被救過，亦未曾在一幕幕偉大的愛情場面上扮演主角。當她遇上別的心儀男子時，不成熟的思想令她甘心挑戰傳統道德的規範，踏上這條未知的情感之路。

當兩人意見開始分歧，昔日互愛互諒的關係逐漸淡薄，口角之爭不可避免。當遇到一次巨大的沖擊，令感情走到無可挽救的田地，最終便以離婚收場。過了兩年不快的日子後，1931 年林鳳隻身從上海起行回廣西老家，在途經香港便探訪侶倫。在香港期間，侶倫對林鳳非常憐憫及愛護有加，他所付出的情感，超越了一般男女之間的情愫，更加濃烈，也更加深沉。可惜，林鳳始終經歷過失婚之痛，沒膽再入情關。最後，她返回廣西老家，與有名望的父親見面。

縱使她的父親希望女兒能留在身邊，但最後林鳳決定往廣州入讀大學，重過校園生活，徒以一洗以往悲痛之苦。可惜天意弄人，蒼生不給予林鳳重生機會，一場急性肺炎竟奪去她的寶貴生命，年紀輕輕便撒手塵寰。最可悲的是在她離世前，無凰無鳳在身邊，孤獨地與世界作別。

葉靈鳳的偶像

十九世紀法國大作家巴爾扎克（Honoré de Balzac）於 1799 年出生，與雨果、大仲馬、喬治桑等法國著名作家同屬一個時代。巴爾扎克被列為文豪級作家，大部分後來者至今只能望其項背。巴爾扎克的作品受到世人的讚頌，他洋溢的天才創作了被美譽為「法國社會的百科全書」的《人間喜劇》（la Comédie Humaine）系列小說，是人類文學史上的奇蹟，罕見的偉大作品。

自 1841 年起，巴爾扎克便開始規劃《人間喜劇》的創作，決定寫成一本包含 144 部及人物超過 4000 人的小說，但遺憾的是他只完成了其中的 91 部，創造出來的人物典型達 2000 多人便離開人世。但他遺下未完的巨著《人間喜劇》，不僅震驚文壇，更震動法國，甚至震憾世界！

在葉靈鳳的散文、隨筆集包括《文藝隨筆》、《讀書隨筆》、《晚晴雜記》、《北窗讀書錄》等著作，都有提及巴爾扎克及其偉大的作品《人間喜劇》及《詼諧故事集》，甚至在 1933 年於上海貼上自己設計的「靈鳳藏書票」在購得的《詼諧故事集》封面內頁上，以茲紀念一代文豪及其偶像。

《詼諧故事集》

巴爾扎克（1799—1850），是十九世紀法國偉大的批判現實主義作家。他一生共創作 90 多部小說和隨筆，總名為《人間喜劇》，其中代表作有《歐也妮・葛朗台》、《高老頭》等。巴爾扎克的《詼諧故事集》原題《趣話百篇》，是一部《十日談》式的短篇故事集。作者巴爾扎克假託此乃都蘭修道院中保存的文稿，實際上這些故事全是他的手筆，只不過利用了十四至十六世紀的背景和題材，模仿了十六世紀的語言和拉伯雷那種大膽直率的文風。巴爾扎克是拉伯雷的崇拜者，在他看來，惟有拉伯雷的風格最能體現法國高盧民族的精神氣質、性格特徵，而現代社會所提倡的莊重典雅、矯揉造作的文體，卻將法國人天生的快活坦率消磨殆盡。

因此，他在從事《人間喜劇》這一宏偉創作的同時，又模仿拉伯雷的文筆寫了這樣一組輕鬆調侃的故事，既令自己開心，也博讀者一笑。雖說是模仿之作，然而惟妙惟肖既達到以假亂真的水準，就稱得上是難能可貴的藝術品了。《詼諧故事集》故事集巴爾扎克原計劃寫一百篇，十篇一組，共分十卷。第一、二、三卷分別於 1832 年、1833 年和 1837 年出版，後七卷一直未能完成，僅在作者遺稿中發現了一些斷章殘篇。

《詼諧故事集》的內容多涉人間風月、男女私情，在種種輕浮的玩笑和粗鄙俚俗的言詞掩蓋下，卻不乏諷刺和對人類美好情感的頌揚。與巴爾扎克在〈《人間喜劇》前言〉中宣佈的創作原則相反，這些故事似乎從未接受宗教與王權這兩種永恆真理的照耀，因而高級教士及大臣往往成為揶揄、挖苦、批判、揭露的對象，受到極不恭敬的對待。

法國大作家巴爾扎克（1799—1850）的作品受到世人的愛讀和讚揚，葉靈鳳更稱愛好文藝的人對他特別尊敬和同情。

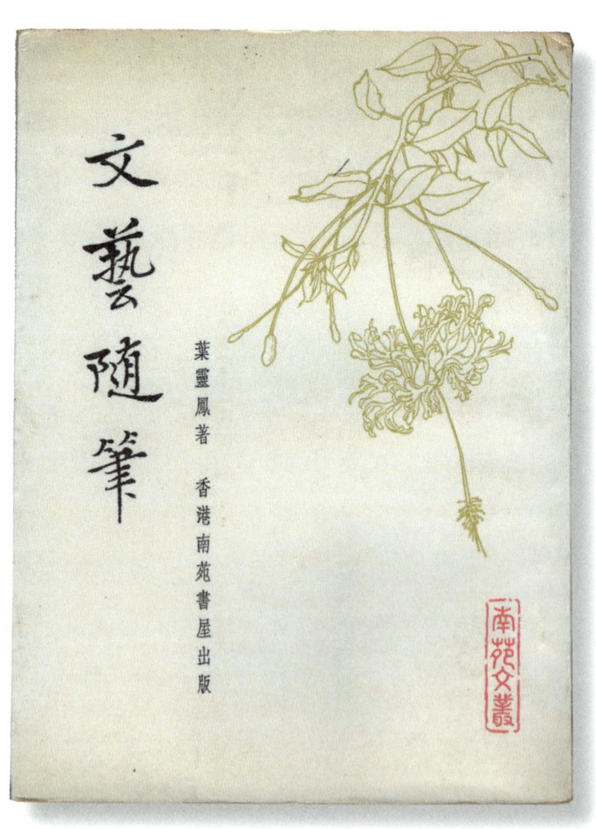

香港南苑書屋於 1963 年 10 月出版葉靈鳳《文藝隨筆》初版，大受讀者歡迎。

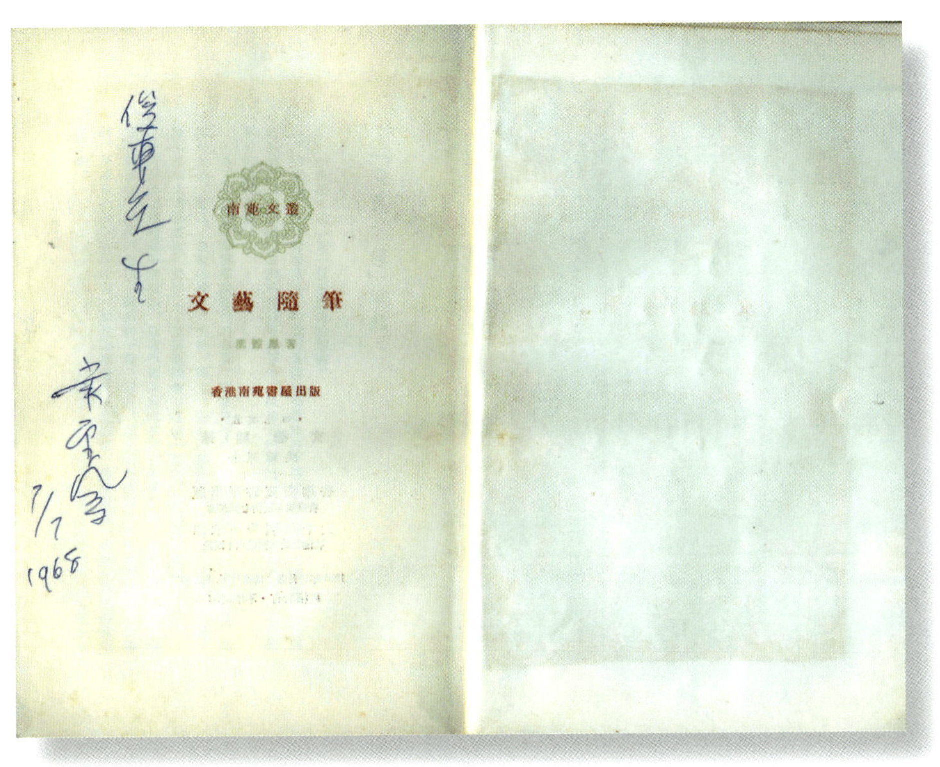

1968 年 7 月 7 日，葉靈鳳簽贈此書給香港著名藏書家黃俊東，現為筆者的藏書，珍而重之。

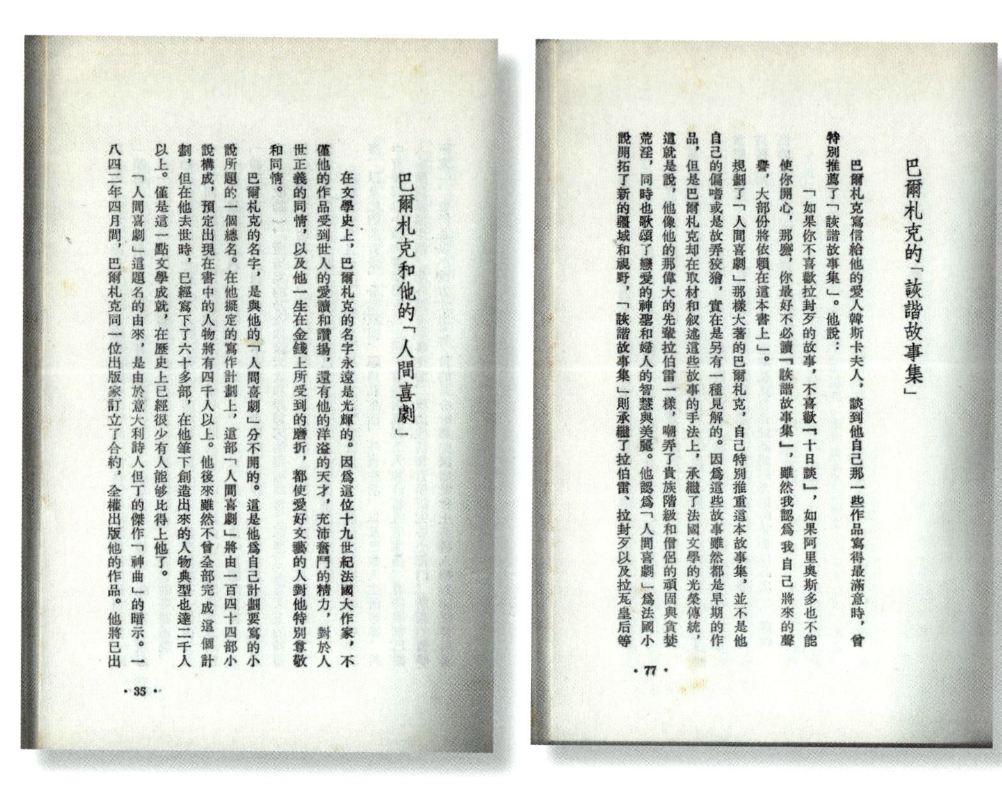

巴爾札克和他的「人間喜劇」

在文學史上，巴爾札克的名字永遠是光輝的。因爲這位十九世紀法國大作家，不僅他的作品受到世人的愛讀和讚揚，還有他的洋溢的天才，充沛奮鬥的精力，對於人世正義的同情，以及他一生在金錢上所受到的磨折，都使愛好文藝的人對他特別尊敬和同情。

巴爾札克的名字，是與他的「人間喜劇」分不開的。這是他爲自己計劃要寫的小說所題的一個總名。在他擬定的寫作計劃上，這部「人間喜劇」將由一百四十四部小說構成，預定出現在書中的人物將有四千人以上。他後來雖然不曾全部完成這個計劃，但在他去世時，已經寫下了六十多部，在他筆下創造出來的人物典型也達二千人以上。僅是這一點文學成就，在歷史上已經很少有人能够比得上他了。

「人間喜劇」這題名的由來，是由於意大利詩人但丁的傑作「神曲」的暗示。一八四二年四月間，巴爾札克同一位出版家訂立了合約，全權出版他的作品。他將已出

・35・

巴爾札克的「詼諧故事集」

巴爾札克寫信給他的愛人韓斯卡夫人，談到他自己那一些作品寫得最滿意時，曾特別推薦了「詼諧故事集」。他說：

「如果你不喜歡拉封歹的故事，不喜歡「十日談」，如果阿里奧斯多也不能使你開心，那麼，你最好不必讀「詼諧故事集」，雖然我認爲我自己將來的聲譽，大部份將依賴在這本書上」。

規劃了「人間喜劇」那樣大著的巴爾札克，自己特別推重這本故事集，並不是他自己的偏嗜或是故弄狡獪，實在是另有一種見解的。因爲這些故事雖然都是早期的作品，但是巴爾札克却在取材和叙述這些故事的手法上，承繼了法國文學的光榮傳統，這就是說，他像他的那偉大的先輩拉伯雷一樣，嘲弄了貴族階級和僧侶的頑固與貪婪荒淫，同時也歌頌了戀愛的神聖和婦人的智慧與美麗。他認爲「人間喜劇」爲法國小說開拓了新的疆域和視野，「詼諧故事集」則承繼了拉伯雷、拉封歹以及拉瓦皇后等

・77・

葉靈鳳的兩篇作品：巴爾扎克和他的「人間喜劇」及巴爾扎克的「詼諧故事集」收錄在《文藝隨筆》，前者為該文本「第二輯：作家與作品」的首篇文章。

藏書票失而復得

在2018年11月4日舉行的新亞第24屆舊書字畫拍賣會中，一本編號894的巴爾扎克（Honoré de Balzac）撰寫的《詼諧故事集》（*Droll Stories*），吸引了多名在拍賣現場的收藏家、藏書家及書友的興趣，每位都積極競投，由起拍價港幣數佰元拍至成交高價港幣數千元，比底價高出十多倍有多。

這本巴爾扎克《詼諧故事集》英文譯本出版於1928年，可惜此書的硬皮封面及內頁受到書蟲損害，但收藏家、藏書家及書友卻不在意這些蟲蛀問題，故事集仍受追捧，原來封面內頁貼有一張由葉靈鳳於1933年設計及製作的「靈鳳藏書票」。藏書票尺寸為闊8.5厘米x長12厘米，由於其稀罕緣故，再加上是葉靈鳳貼藏書票的書，實為藏書票迷及收藏家眼中的珍品，能成為擁有者是每位競投者的最大願望。

藏書票的設計

1962年9月13日，葉靈凰以筆名霜崖在香港《新晚報》副刊上的專欄《霜紅室隨筆》發表〈藏書票與我〉，透露藏書票的設計及印數，因日本於 1932 年 1 月 28 日突然發動軍隊攻擊上海，已印好的幾千張藏書票連同原版都失散了，只餘手上的若干張和試貼的幾本書，主要內文如下：

> 至於我自己，確是設計過一張藏書票，採用的是漢磚上的圖案，是一隻鳳，我將它加工，變得更繁複一點，又採用漢碑上的一些碑陰花紋作邊框。紅字黑花，印了幾千張。試貼了幾本書，已經覺得過了癮，就擱下來不曾再貼下去。接着就遇到「一二八」戰事，除了留在自己手邊的若干張之外，其餘已印好的幾千張連同原版都失散了。因此我雖然印過一張藏書票，但是實際貼在書上的並不多。

葉靈鳳於 1933 年親手設計及製作藏書票，背後埋藏了中國早期藏書票的起源歷史。他的藏書票設計採用中國傳統的鳳凰圖案，配以漢碑上的一些碑陰花紋作邊框，下方配以鮮紅色中國字體的「靈鳳藏書」及拉丁文 Ex Libris L. F. Yeh，頗具中西混合的創作精髓。藏書票本是一種小型的板畫，本來用來貼在書本封面內外或扉頁上，作為自己藏書的標誌，固可表示為「這是我的書」、「我的圖書館」、「予以藏之」等意思，也有人稱之為「紙上寶石」、「版畫珍珠」、「貴族的身分證」等。

委託競投

筆者因事未能親身到場參與競投，只能事前委託新亞代為出價，並預早定下最高競拍價。筆者通常基於以下條件，來決定一件拍賣品的價值：

1. 存世量
2. 品相
3. 作者知名度
4. 研究價值
5. 受市場歡迎程度

由於書籍受到蟲蛀影響，不僅書的封面及內頁遭損，連扉頁上的靈鳳藏書票亦受波及，在其接近中間位置上清晰看到一個蛀洞。對拍賣者來說，這些瑕疵大大影響其價值，因此估價亦比較謹慎。筆者經過一番考慮後，最後以明標方式落下港幣 x 元，委託新亞代為出價。

當天這項目落槌價為港幣 x 元，筆者本以為勝券在握，但收到的訊息竟不是意料之外，新亞說明拍賣品由另一位以電話競投者以相同拍價獲得。筆者百思不得其解，明明成交價是與筆者所落的明標價一樣，理應重拍。根據拍賣行回應：「不願重拍的原因是當日筆者已預先提出了電話競投者所出的那個價，由於逐口價上，變成同價由電話競投者佔了先機。」

從拍賣行得知，本次拍賣的勝出者是一位黃姓的內地男士，據悉，他偏愛董橋、金庸、葉靈鳳等名人著作及手稿，在該第 24 屆拍賣中，他不僅成功拍下董橋從英國寄給黃俊東的信件、饒宗頤為易越石題瑜伽梵文外，還拍下包括編號為 894 稀有的靈鳳藏書票及其他九個項目。

1933 年，葉靈鳳在他喜歡的巴爾扎克《詼諧故事集》的封面內頁，貼有一枚由他設計及製作的藏書票，非常稀有。圖右扉頁上可見藏書票所留下的痕跡及近中央蟲蛀兩點位置。

筆者手持貼有 1933 年「靈鳳藏書票」的《詼諧故事集》，該集是葉靈鳳在上海的藏書。筆者身旁為新亞書店老闆蘇賡哲博士。

DROLL STORIES
By Honoré De Balzac
Edited by Ernest Boyd Illustrated
by Ralph Barton Two volumes in one

1928 年，巴爾扎克 (Honoré de Balzac) 的《詼諧故事集》(*Droll Stories*) 面世，出版商為美國紐約 Garden City Publishing Company, Inc.。

由著名畫家 Ralph Barton 繪畫的巴爾扎克，是《詼諧故事集》其中一幅插圖。

《詼諧故事集》插圖由著名畫家 Ralph Barton 繪畫，畫功非凡。

平常心

「命裏有時終須有，命裏無時莫強求。」這兩句說話正正道出命運的真締：不要盲目的堅持，不如理智的放下；不要無限的強求，不如順其的緣分。也許在你回到平常無求時，或會有意外的收獲，甚至有驚喜的結果。筆者在過去收藏領域中，盡量令自己凡事不要強求，以持一顆平常之心面對。多年來認識到「平常心」是物慾中的淡泊，是風浪中的平靜，是塵世中的微笑；不因得而喜，更不因失而哀！得失之間，處之泰然，才能輕裝前行，活出一個真實快樂的收藏客！

筆者在第 24 屆新亞舊書拍賣會中，成功收穫數項物品，包括舊書、舊相及畫冊等，於是前往提取。行至新亞書店前，彷彿嗅到陣陣熟悉的「花香」，像向着筆者熱情地招手。筆者頓覺奇怪，這種患得患失的感覺又再重現。在點算拍賣品後，新亞書店負責人拿出另一本深色硬皮的厚厚書籍放在眼前，並說：「你看看要不要？內頁貼有藏書票的。」我即時翻開書內的扉頁一看，頓時目瞪口呆，一張稀有「靈鳳藏書票」活現在眼前，它貼在筆者曾競投過的巴爾扎克《詼諧故事集》。這刻讓筆者再次遇上，當然即時購下，至於原本拍賣勝出者為何放棄？

根據新亞書店老闆蘇賡哲博士透露：「這位由新亞拍賣會第一屆已開始參與拍賣及光顧的黃姓老顧客，每屆都順利成交，卻在第 24 屆勝出 9 個項目，包括『靈鳳藏書票』，之後沒有付款及放棄提貨，也聯絡不到。」蘇博士補充說：「他失信不提貨，我在道義上必須知會第二相同落標價的拍賣者，即吳先生你，若吳先生不要的話才會重拍。」

最後，靈鳳藏書票重返筆者手上，失而復得！

藏書票與葉靈鳳

還記起 2021 年的香港，正處於冠狀病毒病肆虐之際，政府實施隔離令並限制聚集的人數，現場拍賣活動大受影響，卻興起了網上拍賣活動，且大受網友及書友歡迎。香港新亞圖書中心在同年 10 月於 WhatsApp 成立「新亞網拍」群組，每天定時舉行網上的舊書及舊物拍賣會，吸引了不少書迷、藏書家及收藏家的注意及參與，結果投標情況踴躍。

1933 年實寄封

在 2021 年 12 月 12 日晚上 8 時 52 分，一項編號 514 的暗標拍賣品在「新亞網拍」鮮有出現，拍品附有圖片及描述：「上海時期日本寄給葉靈鳳信封一個，八品，起拍價 x 元」，並註明在是日午夜 12 時截標，翌日奉告中標結果。筆者在家中剛巧在手機看到這項葉靈鳳拍賣品：實寄封貼有一個已蓋日戳的日本紅色郵票，但看不清楚所蓋日期，收信地址是人手寫的，背面則以黑色字體印有寄信人的地址，詳情如下：

正面（收信人）：

中華民國上海四馬路

現代書局編輯部

葉靈鳳先生收

背面（寄信人）：

兵庫縣魚崎町橫屋宇西田五六一

小塚家文庫シカト書院

昭和　年　月　日

根據實寄封上的日本昭和時代郵票，及葉靈鳳於 1932 年在現代書局開始任編輯部主任的背景，可以估計此信封在上世紀三十年代初寄出，相當稀有及珍貴！由於拍賣品開標至截標時間只有 3 小時 8 分鐘，筆者為了要投得這夢寐以求的葉靈鳳實寄封，故將暗標價提升至 Y 數目，以避免珍貴藏品落入炒賣人士手中。最後，筆者被幸運之神眷顧，終勝出這個拍品。但同時腦海中不斷產生疑問：信件由誰人寄出？與葉靈鳳有甚麼關係？葉靈鳳為何將信封由上海帶至香港並保存超過 40 年？

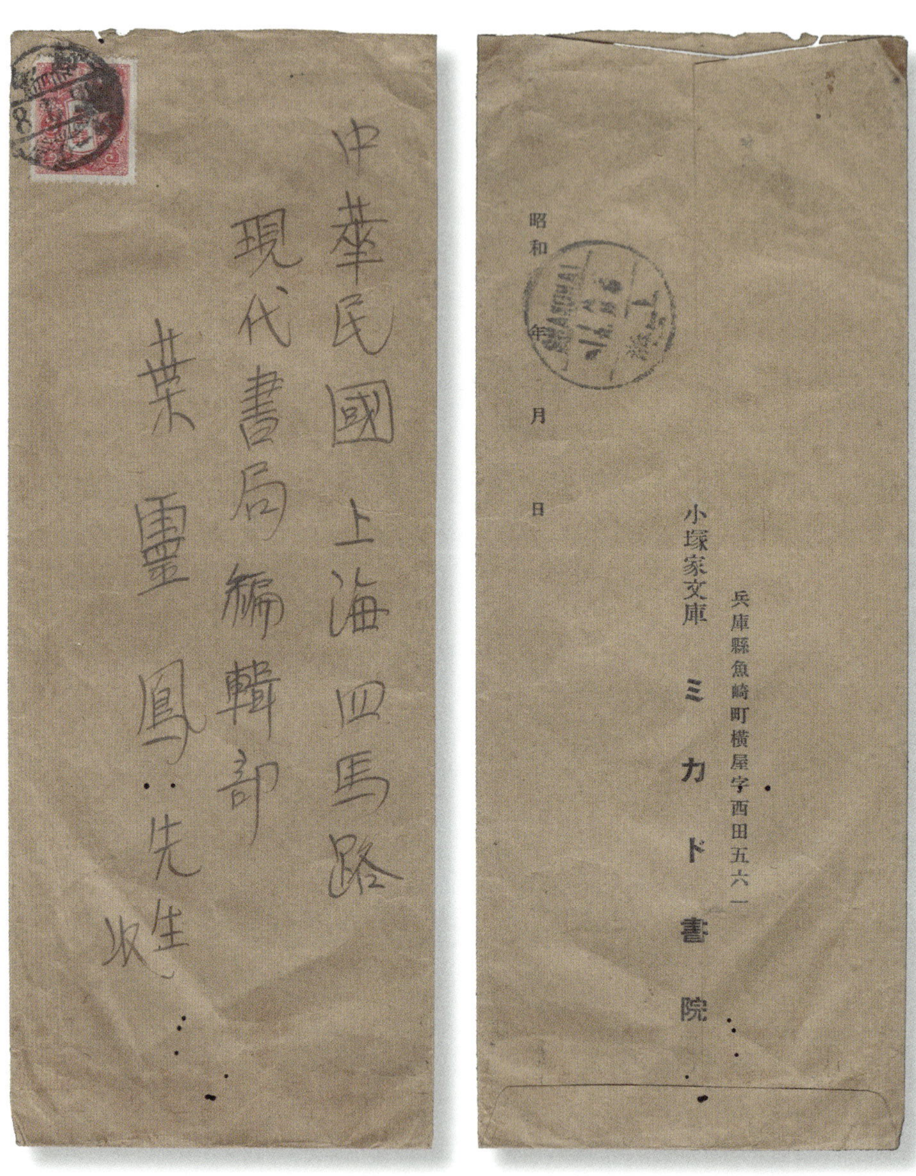

1933 年 6 月 9 日，日本藏票家小塚省治致信給葉靈鳳，可惜存世只有上圖的實寄封。

小塚省治

筆者在新亞圖書中心取得勝利品回家後，高興之餘隨即細看信封，希望能從實物裏找到答案。實寄封長 22.2 厘米 x 闊 8.5 厘米，貼有一枚紅白色的日本昭和三錢郵票，經掃描後放大影像，確定郵戳日期是昭和 8 年 6 月 9 日，即 1933 年 6 月 9 日，寄出地點是日本兵庫縣，寄件處是小塚家文庫。

筆者從「小塚家文庫」這名字追查，小塚家文庫代表小塚家圖書館，而小塚就是小塚省治氏（1901－1942），他是一名藏票家，與齋藤昌三氏（1887－1961）同是日本藏書票界先驅。小塚省治氏於 1933 年成立日本藏書票協會，經齋藤昌三氏介紹與葉靈鳳認識及通訊，1934 到 1936 年間旅居朝鮮，向當地版畫家推介藏書票，1942 年不幸去世。

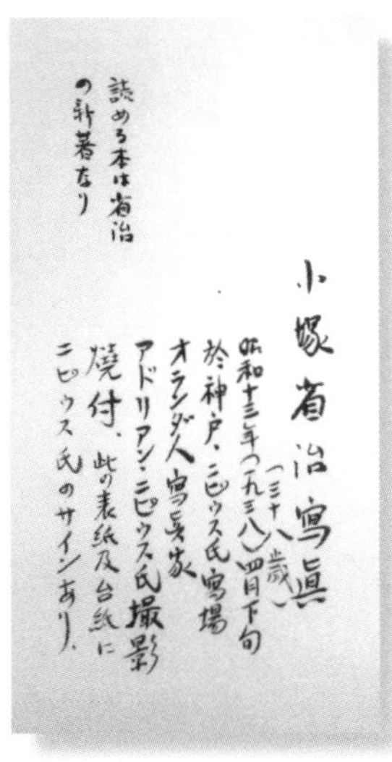

小塚省治於 1933 年成立日本藏書票協會，同年編刊《日本藏書票協會昭和八年年報》，圖為小塚省治半身照。

小塚省治兩款專用的藏書票。

〈現代日本藏書票〉

繼 1933 年 12 月葉靈鳳在上海《現代》第 4 卷第 2 期發表了中國首篇討論藏書票的〈藏書票之話〉之後，在 1934 年 5 月 20 日由張光宇及葉靈凰合編的第一期《萬象》，特別刊出葉靈鳳從日本換來的 21 枚藏書票，以饗讀者，並署名靈凰發表〈現代日本藏書票〉，部分內容如下：

根據現代日本藏書票研究專家齋藤昌三氏的記載，「日本藏會」成立以來，從大正十一年到昭和三年，一共舉行過五次藏票展覽會。此外，齋藤昌三氏也曾將私人的集品舉行過兩次展覽會，而在去年，藏票家小塚省治等又成立了一個「日本藏票協會」，開始刊行《藏票趣味》雜誌，頒佈會員的作品集，藏書票在目前日本的藏書家中雖不能如先進的世界現代日本的藏書票，利用專長的木版印刷，是另有着一種緻的東方風趣的。

〈藏書票與我〉

1962 年 9 月 13 日，葉靈凰以筆名霜崖在香港《新晚報》副刊上的專欄《霜紅室隨筆》發表〈藏書票與我〉，透露與日本一個愛好藏書票者的組織交換藏書票，後來他們又將葉靈凰的藏書票在會員的刊物上介紹，主要內容如下：

藏書票本是西洋的一種藏書趣味，不過我對於藏書發生興趣，倒是從日本雜誌上得來的。有一時期，我訂閱日本版畫協會出版的一種木刻刊物「版藝術」，時常見到日本版畫家所設計的藏書票，覺得很有趣。又從廣告上知道日本以研究藏書票著名的齋藤昌三氏寫過一部「藏書票之話」，便寫信向他去購買。他回了信，並且贈了幾枚他自己的藏書票給我，又告訴我日本有一個愛好藏書票者的組織，像蒐集郵票一樣，可以彼此交換所藏，叫我將自己的藏書票寄一批去，就可以交換到一批別人的藏書票回來。我依照他的話做了。果然換到了不少日本藏書家的藏書票。後來他們又將我的藏書票在會員的刊物上介紹，說我是他們所知道的「在中國的唯一的一個熱中於藏書蒐集的藏書家」。

昭和八年年報

從上文提及「又告訴我日本有一個愛好藏書票者的組織，像蒐集郵票一樣，可以彼此交換所藏，叫我將自己的藏書票寄一批去，就可以交換到一批別人的藏書票回來。」這日本藏書票者的組織，就是小塚省治組成的「日本藏書票協會」，至於後來他們又將葉靈凰的藏書票在會員的刊物上介紹。筆者經過研究，終於確定這本刊物是 1933 年小塚省治編刊的《日本藏書票協會昭和八年年報》，封面顏色由白、紅、淺藍色組成，黑色字體，設計簡單，內頁除貼有日本藏書票協會成員的作品包括鈴木登、中田一夫、楝方志功等的作品外，還有來自上海葉靈鳳的「靈鳳藏書票」，非常吸引！

從一個葉靈鳳收藏超過 40 年的實寄封的發現，令我們知悉他對小塚省治氏的書信非常重視，亦反映他熱愛藏書票。1933 年他寄了一批自己設計的靈鳳藏書票給小塚省治氏，來交換日本藏書票，後來葉設計的藏書票更在《日本藏書票協會昭和八年年報》上出現，讓人認識他是在三十年代最先在中國熱愛蒐集藏書票的藏書家，意義深遠。

日本藏書票鼻祖齋藤昌三的大作《藏書票之話》，被譽為「東方藏書票的聖經」，於 1929 年 7 月 20 日發行初版 500 部，筆者藏有的是編號第 239 部。

1933 年 11 月，葉靈鳳在上海《現代》第 4 卷第 2 期發表了中國首篇討論藏書票的〈藏書票之話〉，還首次公開自己設計的藏書票模樣。

坐擁萬卷；僅是

我當然也不拒絕一點幫助。

一九三三、十一月。

本文作者之藏書票

現代．4．2　四一九

1933 年葉靈鳳親手設計的藏書票，闊 8.2 厘米 x 長 12 厘米，採用中國傳統的鳳凰圖案，配以漢碑上的碑陰花紋作邊框，下方配以鮮紅色中國字體的「靈鳳藏書」及拉丁文 Ex Libris L. F. Yeh。

1934 年 5 月 20 日，葉靈鳳以筆名靈凰在第一期《萬象》發表〈現代日本藏書票〉，還特別刊出他從日本換來的 21 枚藏書票。

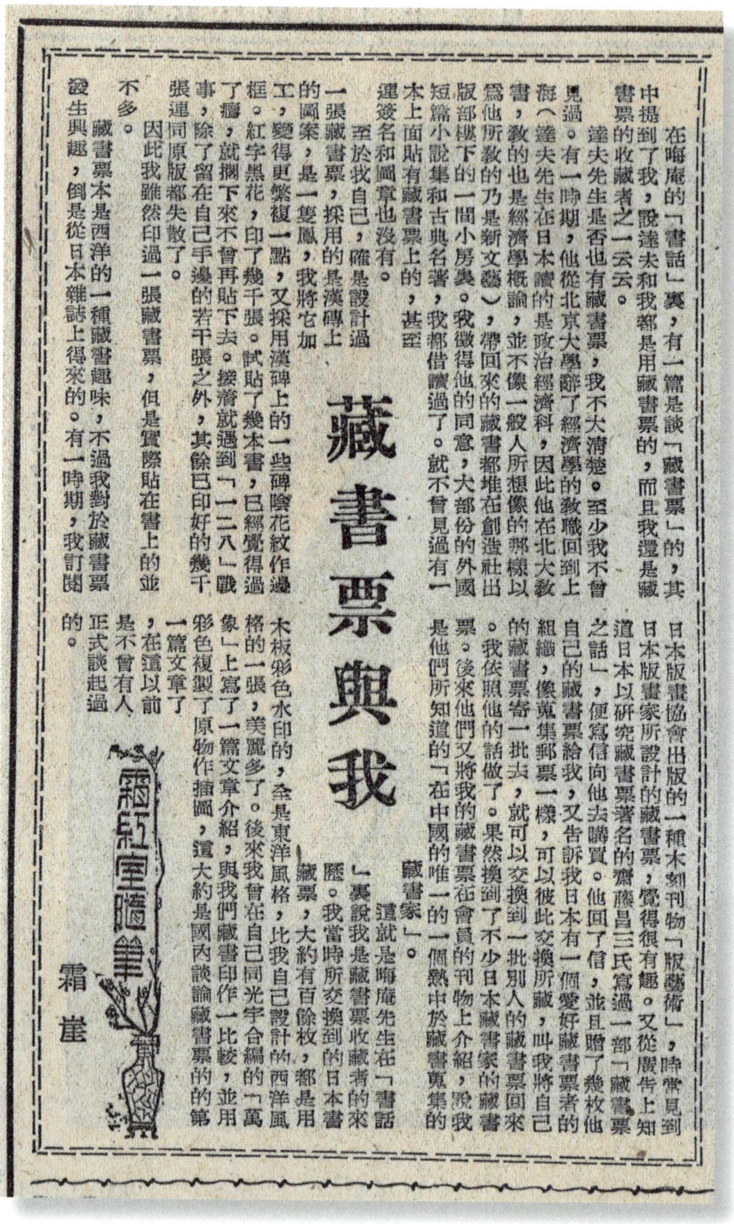

藏書票與我

霜紅室隨筆

霜崖

在晦庵的「書話」裏，有一篇是談「藏書票」的，其中提到了我，說達夫和我都是用藏書票的，而且我還是藏書票的收藏者之一云云。

達夫先生是否也有藏書票，我不大清楚。至少我不曾見過。有一時期，他從北京大學辭了經濟學的教職回到上海（達夫先生在日本讀的是政治經濟科，因此他在北大教書，教的也是經濟學概論，並不像一般人所想像的那樣以為他所教的乃是新文藝），帶回來的藏書都堆在創造社出版部樓下的一間小房裏。我徵得他的同意，大部份的外國短篇小說集和古典名著，我都借讀過了。就不曾見過有一本上面貼有藏書票上的，甚至連簽名和圖章也沒有。

至於我自己，確是設計過一張藏書票，採用的是漢磚上的圖案，是一隻鳳，我將它加工，變得更繁複一點，又採用漢碑上的一些碑陰花紋作邊框。紅字黑花，印了幾千張。試貼了幾本書，已經覺得過了癮，就擱下來不曾再貼下去。接着就遇到「一二八」戰事，除了留在自己手邊的若干張之外，其餘已印好的幾千張連同原版都失散了。

因此我雖然印過一張藏書票，但是實際貼在書上的並不多。

藏書票本是西洋的一種藏書趣味，不過我對於藏書票發生興趣，倒是從日本雜誌上得來的。有一時期，我訂閱日本版畫協會出版的一種木刻刊物「版藝術」，時常見到日本版畫家所設計的藏書票，覺得很有趣。又從廣告上知道日本以研究藏書票著名的齋藤昌三氏寫過一部「藏書票之話」，便寫信向他去購買。他回了信，並且贈了幾枚他自己的藏書票給我，又告訴我日本有一個愛好藏書票者的組織，像蒐集郵票一樣，可以彼此交換所藏，叫我將自己的藏書票寄一批去，就可以交換到一批別人的藏書票回來。我依照他的話做了。果然換到了不少日本藏書家的藏書票。後來他們又將我的藏書票在會員的刊物上介紹，說我是他們所知道的「在中國的唯一的一個熱中於藏書票蒐集的藏書家」。

這就是晦庵先生在「書話」裏說我是藏書票收藏者的來歷。我當時所交換到的日本書藏票，大約有百餘枚，都是用木板彩色水印的，全是東洋風格，比我自己設計的西洋風格的一張，美麗多了。後來我曾在自己同光宇合編的「萬象」上寫了一篇文章介紹，與我們藏書印作一比較，並用彩色複製了原物作插圖，這大約是國內談論藏書票的的第一篇文章了，在這以前是不曾有人正式談起過的。

1962 年 9 月 13 日，葉靈鳳以筆名霜崖在香港《新晚報》專欄《霜紅室隨筆》發表〈藏書票與我〉，透露與日本一個愛好藏書票者的組織交換藏書票。

筆者收藏的日本藏書票，部分與葉靈鳳所收藏的一樣或相似：

小塚藏書票，小塚省治作。

加山道之助藏書票，牛田雞村作。

日本藏票會藏書票，牛田雞村作。

關場不二彥藏書票，山內神斧作。

齋藤昌三藏書票，中川紀元作。

秋永藏書票，作者不詳。

堀田藏書票，作者不詳。

堀田氏愛藏之章書票藏書票，作者不詳。

武田文庫藏書票，作者不詳。

小塚家文庫藏書票。

上海尋寶記

筆者於2017年在上海觀光時，走進多倫路的一間舊物店，看看能否找到心頭好。由於身在內地，店內大部分陳列的物品都是來自上海、南京、北京等地。或者是緣分所賜，筆者看到在店的一角放有一個陳舊兼佈滿塵埃的膠袋，內裏放有一份印有繁體字的報紙。在好奇心驅使下，便問店員這是甚麼報紙？一位中年男店員想了一會，便回答為山東省四十年代的《大眾周報》。當時筆者有些懷疑，知道香港淪陷時期亦有一份同名的報刊出版。在這情況下，便叫店員除下膠袋，看看這份報紙是否香港的《大眾周報》。

緣分及堅持

誰知該店員的即時反應是搖頭，並說了一句說話：「不售」。我心中疑惑，追問道：「為甚麼？」他的回應是：「很多所謂顧客入來只是看看，當除下膠袋，看過東西後，便說不適合。最後，還要重新將舊報紙包裝，浪費時間！」我聽後當然不會罷休，並表明是來買東西的。該店員便說：「這份舊報售人民幣Z元，如果你真是買的，我才給你看內裏！」

由於從最初看到該《大眾周報》的封面，印有「觀敵機殘骸有感」七個字體，深信這不是山東省同名報刊，應是日治期間的《大眾周報》。最後，在沒有看過裏面及與店員議價後，最後以人民幣 Y 元成交，買下這份舊報。當付過錢，取下膠袋看過報後，頓感我的堅持是百分百正確的，一整份由葉靈鳳在日治期間主編的《大眾周報》出現在眼前。

《大眾周報》

《大眾周報》是日治時期一份走大眾路線的綜合報刊，創刊於 1943 年 4 月，由葉靈鳳主編，發行者為南方出版社，香港佔領地總督部報道部檢閱濟通過，逢星期六出版，每冊零售軍票拾錢，創刊辭寫有：

> 我們這一羣人都是從事文化工作的，根據這樣的理念，所以在大家「還鄉的還鄉，改行的改行」聲中，我們始終站在我們的本位不動。有人説，這年頭兒還幹「文化工作」，真是傻子。是的，這年頭兒不去做生意撈錢，還要掏腰包出刊物，確實有點傻。不過傻子也有傻子的理想和信仰。我們認為身居香港，沐受當局的愛護，香港市民百分之九十九是僑胞，怎樣使過去受盡英美思想的僑胞認識現實，認識祖國，乃至認識日本，正是留在香港的中國文化人所應盡的責任。根據這一點信念，我們認為我們若也去改行做生意，混水撈魚，拋棄自己的崗位，不僅對不起國家和社會，對不起本港當局，也對不起自己的良心。

當然，我們的能力是否能擔負我們理想中的工作，我們的努力是否有收穫，是否為僑胞所接受，則非我們所敢顧及，我們只知盡我們應盡的責任而已。……

從中可知道主編葉靈鳳為甚麼在香港淪陷期間仍留港不還鄉、不改行，在創刊辭中道出原因「使過去受盡英美思想影響的香港僑胞認識現實，認識祖國，乃至認識日本，正是留在香港的中國文化人所應盡的責任真相」，否則對不起國家及香港，甚至對不起自己的良心。創刊辭還提到報刊的內容和編輯的方針如下：

至於本刊的內容，我們的編輯方針是以一般讀者為對象，尋求大眾的趣味核心所在，值得提倡的便加以保留和鼓勵，有害的或曲的加以淨化或糾正。內容力求通俗化，但保持相當的水準，絕不為迎合大眾之低級口味而流於庸俗。這一點，我們敢向讀者們保證。

為了實現我們的理想，這一次承本港許多優秀的執筆者，拋除新舊畛域的成見，通力與我們合作，這是我們應該特別提出來道謝的。

從以上創刊辭表達出該刊的內容是以一般讀者為對象，從大眾的趣味核心而出發，務求通俗化而高水準，絕不為迎合大眾而流於庸俗。該刊得到許多優秀的執筆者參與，包括白門秋生（葉靈鳳）、達士（戴望舒）、靈簫生、吳士珍、春英、林瀋、山客、崆峒、黃連、筱轀，以及漫畫家楚子及陳第等。其中《書淫艷異錄》（白門秋生）、《廣東俗語圖解》（達士）、《橫刀奪愛》（靈簫生）、《少林英雄秘傳》（崆峒）、《人月雙清館隨筆》（吳士珍）、《長篇漫畫阿斗官》（楚子編繪）、《藝壇瑣記》（筱轀）等專欄，吸引在淪陷期間的不少讀者。

多倫路位於上海市虹口區一條道路，長約 550 公尺，是中國近代史文化界重地，眾多文壇名人都曾在此居住或工作過，其中包括魯迅、茅盾、瞿秋白、丁玲、白先勇等。

「走進多倫路，看看大上海」是一間位於多倫路專售賣舊物店大門的一對石柱字句。

筆者身處上海多倫路的一間舊物店，期間發現稀有的香港《大眾周報》在發售。圖右上見有一魯迅名句「橫眉冷對千夫指，俯首甘為孺子牛」字畫。

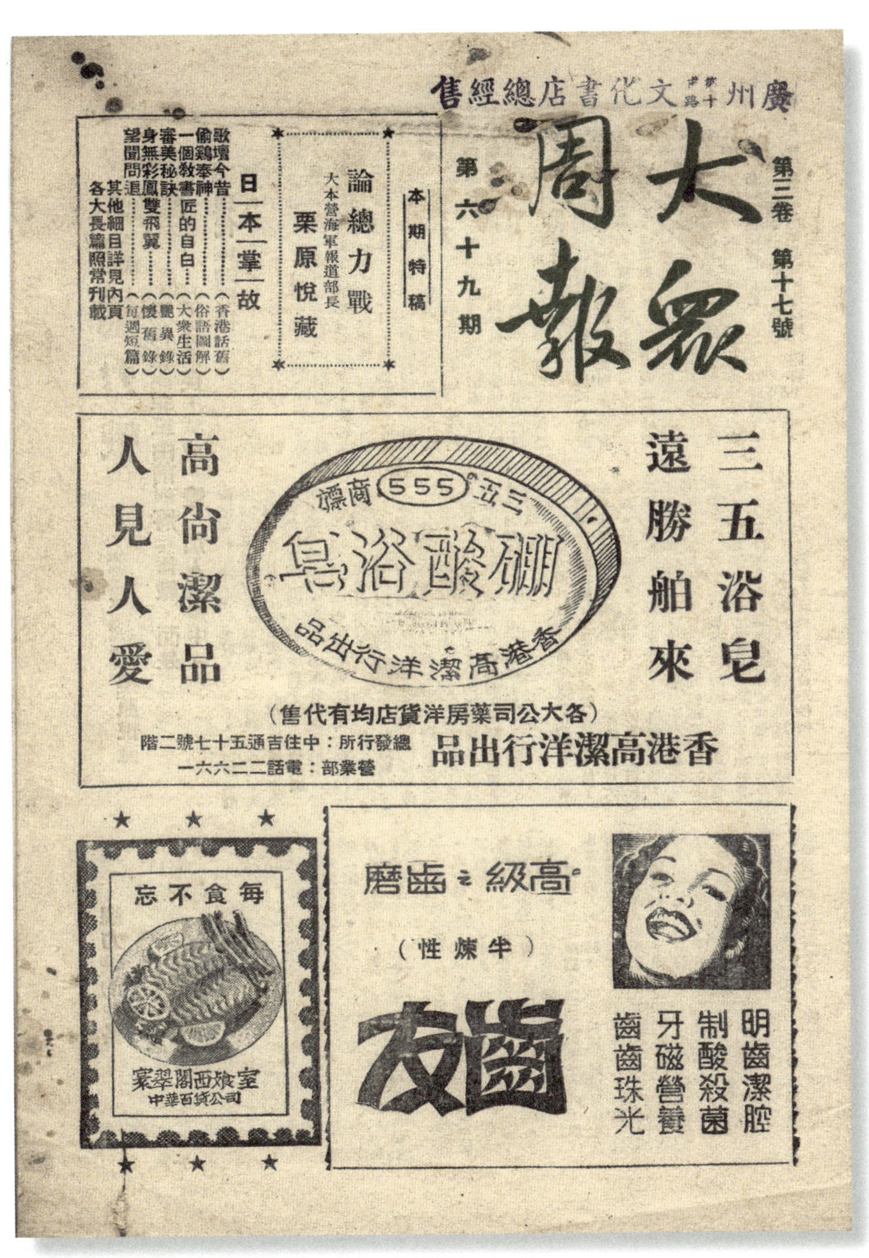

廣州文化書店總經售

第三卷 第十七號

大眾周報

第六十九期

本期特稿

論總力戰

大本營海軍報道部長 栗原悅藏

日本一掌故

歌壇今昔（香港話舊）

偷雞奉神（俗語圖解）

一個教書匠的自白（大眾生活）

審美秘訣（艷異錄）

身無彩鳳雙飛翼（懷舊錄）

望聞問追（每週短篇）

其他細目詳見內頁

各大長篇照常刊載

昭和十九年（公元 1944 年）七月二十二日發行的第 69 期《大眾周報》，由南方出版社發行，葉靈鳳主編。

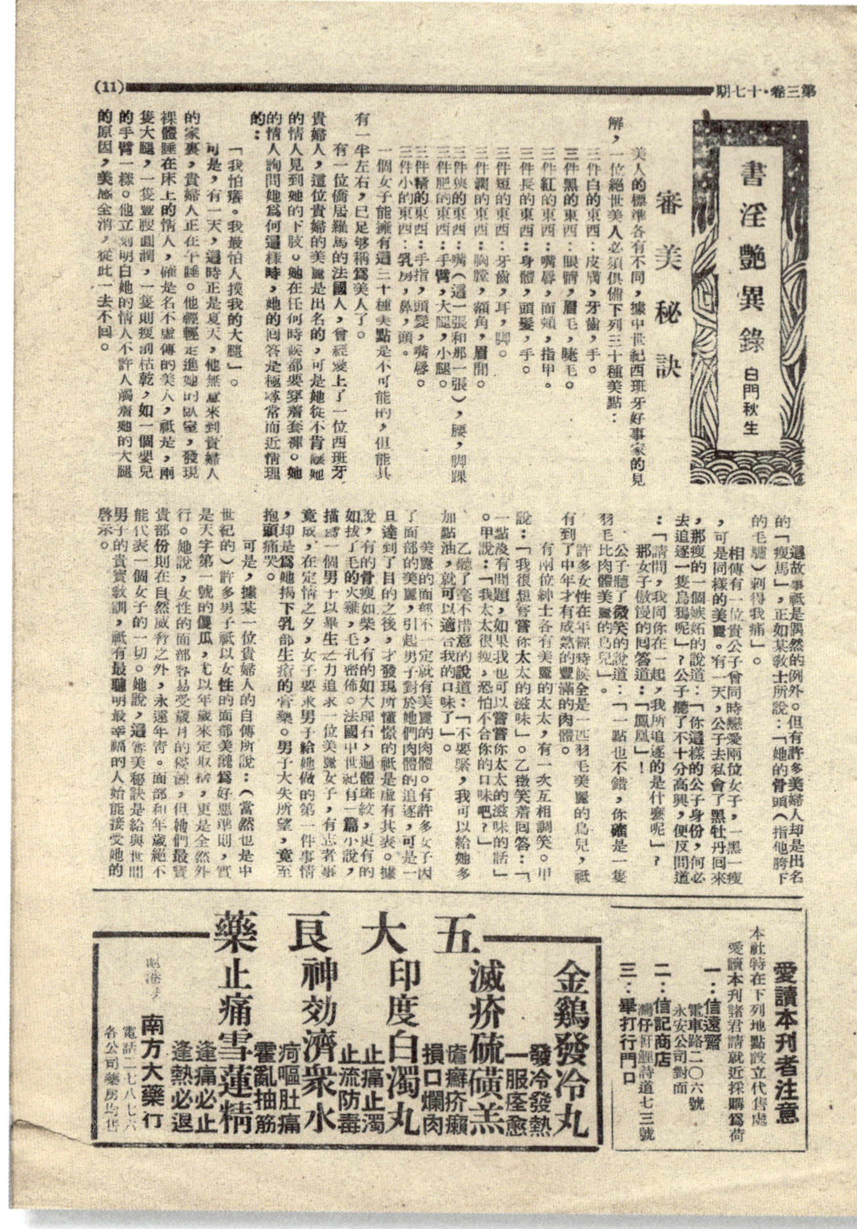

第三卷・十七期 (11)

書淫艷異錄

白門秋生

審美秘訣

美人的標準各有不同，據中世紀西班牙好事家的見解，一位絕世美人必須俱備下列三十種美點：

三件白的東西：皮膚，牙齒，手。
三件黑的東西：眼睛，眉毛，睫毛。
三件紅的東西：嘴唇，面頰，指甲。
三件長的東西：身體，頭髮，手。
三件短的東西：牙齒，耳，脚。
三件濶的東西：胸膛，額角，眉間。
三件狹的東西：嘴（這一張和那一張），腰，脚踝。
三件肥的東西：手臂，大腿，小腿。
三件纖的東西：手指，頭髮，嘴唇。
三件小的東西：乳房，鼻，頭。

一個女子能擁有這三十種美點是不可能的，但能具有一半左右，已足够稱爲美人了。

有一位僑居羅馬的法國人，曾經愛上了一位西班牙貴婦人，這位貴婦的美麗是出名的，可是她從不肯讓她的情人見到她的下肢。她在任何時候都要穿齊套褲。她的情人詢問她爲何這樣時，她的回答是極尋常而近情理的：

「我怕癢。我最怕人摸我的大腿」。

可是，有一天，這時正是夏天，他無意來到貴婦人的家裏，貴婦人正在午睡。他輕輕走進她的臥室，發現裸體睡在床上的情人，確是名不虛傳的美人，祇是，兩隻大腿，一隻豐腴圓潤，一隻則瘦削枯乾，如一個嬰兒的手臂一樣。他立刻明白她的情人不許人觸摸她的大腿的原因，美感全消，從此一去不回。

這故事祇是偶然的例外。但有許多美婦人却是出名的「瘦馬」，正如某教士所說：「她的骨頭（指他胯下的毛驢）刺得我痛」。

相傳有一位貴公子曾同時戀愛兩位女子，一黑一瘦，可是同樣的美麗。有一天，公子去私會了黑牡丹回來，那瘦的一個嫉妬的說道：「你這樣的公子身份，何必去追逐一隻烏鴉呢」？公子聽了不十分高興，便反問道：「請問，我同你在一起，我所追逐的是什麼呢」？那女子傲慢的回答道：「鳳凰」！

公子聽了微笑的說道：「一點也不錯，你確是一隻羽毛比肉體美麗的鳥兒」。

許多女性在年輕時候全是一匹羽毛美麗的鳥兒，祇有到了中年才有成熟的豐滿的肉體。

有兩位紳士各有美麗的太太，有一次互相調笑。甲說：「我很想嘗嘗你太太的滋味」。乙微笑着回答：「一點沒有問題，如果我也可以嘗嘗你太太的滋味的話」。甲說：「我太太很瘦，恐怕不合你的口味吧？」

乙聽了毫不措意的說道：「不要緊，我可以給她多加點油，就可以適合我的口味了」。

美麗的面部不一定就有美麗的肉體。有許多女子因了面部的美麗，引起男子對於她們肉體的追逐，可是一旦達到了目的之後，才發現所憧憬的祇是虛有其表。據說，有的骨瘦如柴，有的如大理石，遍體斑紋，更有的如拔了毛的火雞，毛孔密佈。法國中世紀有一篇小說，描寫一個男士以畢生之力追求一位美麗女子，有志者事竟成，在定情之夕，女子要求男子給她做的第一件事情，却是爲她揭下乳部生瘡的膏藥。男子大失所望，竟至抱頭痛哭。

可是，據某一位貴婦人的自傳所說：（當然也是中世紀的）許多男子祇以女性的面部美醜爲好惡準則，實是天字第一號的傻瓜，也以年歲來定取捨，更是全然外行。她說，女性的面部容易受歲月的侵蝕，但她們最寶貴部份則在自然威脅之外，永遠年青。面部和年歲絕不能代表一個女子的一切。她說，這審美秘訣是給與世間男子的貴實教訓，祇有最聰明最幸福的人始能接受她的啓示。

昭和十九年第 17 期的《大眾周報》，刊有《書淫艷異錄》之〈審美秘訣〉，作者署名白門秋生（葉靈鳳的筆名）。

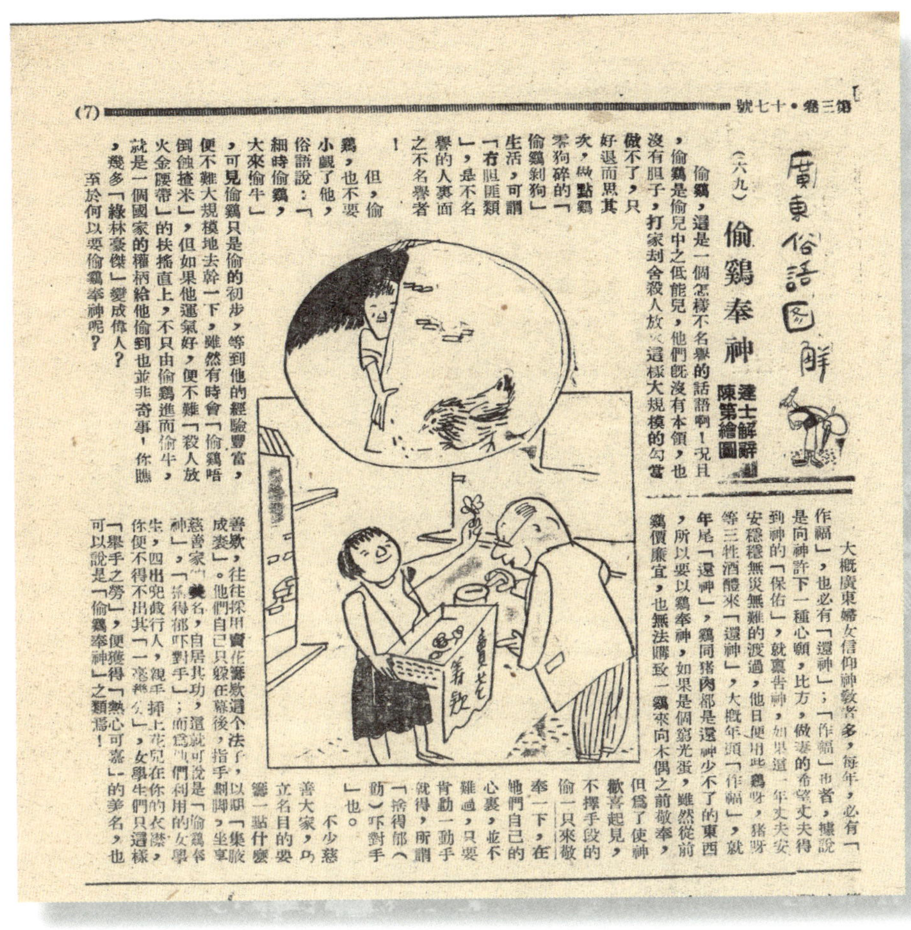

第三卷・十七號　(7)

廣東俗語圖解

（六九）偷鷄奉神

達士解辭　陳第繪圖

偷鷄，這是一個怎樣不名譽的話語啊！況且，偷鷄是偷兒中之低能兒，他們既沒有本領，也沒有胆子，打家刧舍殺人放火這樣大規模的勾當做不了，只好退而思其次，做點鷄零狗碎的「偷鷄刹狗」生活，可謂「有胆匪類」，是不名譽的人裏面之不名譽者！

但，偷鷄，也不要小覷了他，俗語說：「細時偷鷄，大來偷牛」，可見偷鷄只是偷的初步，等到他的經驗豐富，便不難大規模地去幹一下，雖然有時會「偷鷄唔倒蝕揸米」，但如果他運氣好，便不難「殺人放火金腰帶」的扶搖直上，不只由偷鷄進而偷牛，就是一個國家的權柄給他偷到也並非奇事，你瞧，幾多「綠林豪傑」變成偉人？

至於何以要偷鷄奉神呢？

大概廣東婦女信仰神教者多，每年，必有「作福」，也必有「還神」；「作福」者，據說是向神許下一種心願，比方，做妻的希望丈夫得到神的「保佑」，就稟告神，如果這一年丈夫安安穩穩無災無難的渡過，他日便用此鷄呀，豬呀等三牲酒醴來「還神」，大概年頭「作福」，就年尾「還神」，鷄同豬肉都是還神少不了的東西，所以要以鷄奉神，如果是個窮光蛋，雖然從前鷄價廉宜，也無法購致一鷄來向木偶之前敬奉，但爲了使神歡喜起見，不擇手段的偷一只來敬奉一下，在牠們自己的心裏，並不難過，只要肯動一動手就得，所謂「捨得郁（動）吓對手」也。

不少慈善大家，乃立名目的要響一點什麼善欵，往往採用賣花籌欵這个法子，以期「集腋成裘」。他們自己只躲在幕後，指手劃脚，坐享慈善家的美名，自居其功，這就可說是「偷鷄奉神」，「捨得郁吓對手」；而爲他們利用的女學生，四出兜截行人，親手插上花兒在你的衣襟，你便不得不出其「一毫幾仙」，女學生們只這樣「舉手之勞」，便獲得「熱心可嘉」的美名，也可以說是「偷鷄奉神」之類焉！

1944 年 7 月 22 日的《大眾周報》，刊有由達士（戴望舒）解辭，陳第繪圖的《廣東俗語圖解》，圖為 69 期的〈偷雞奉神〉。

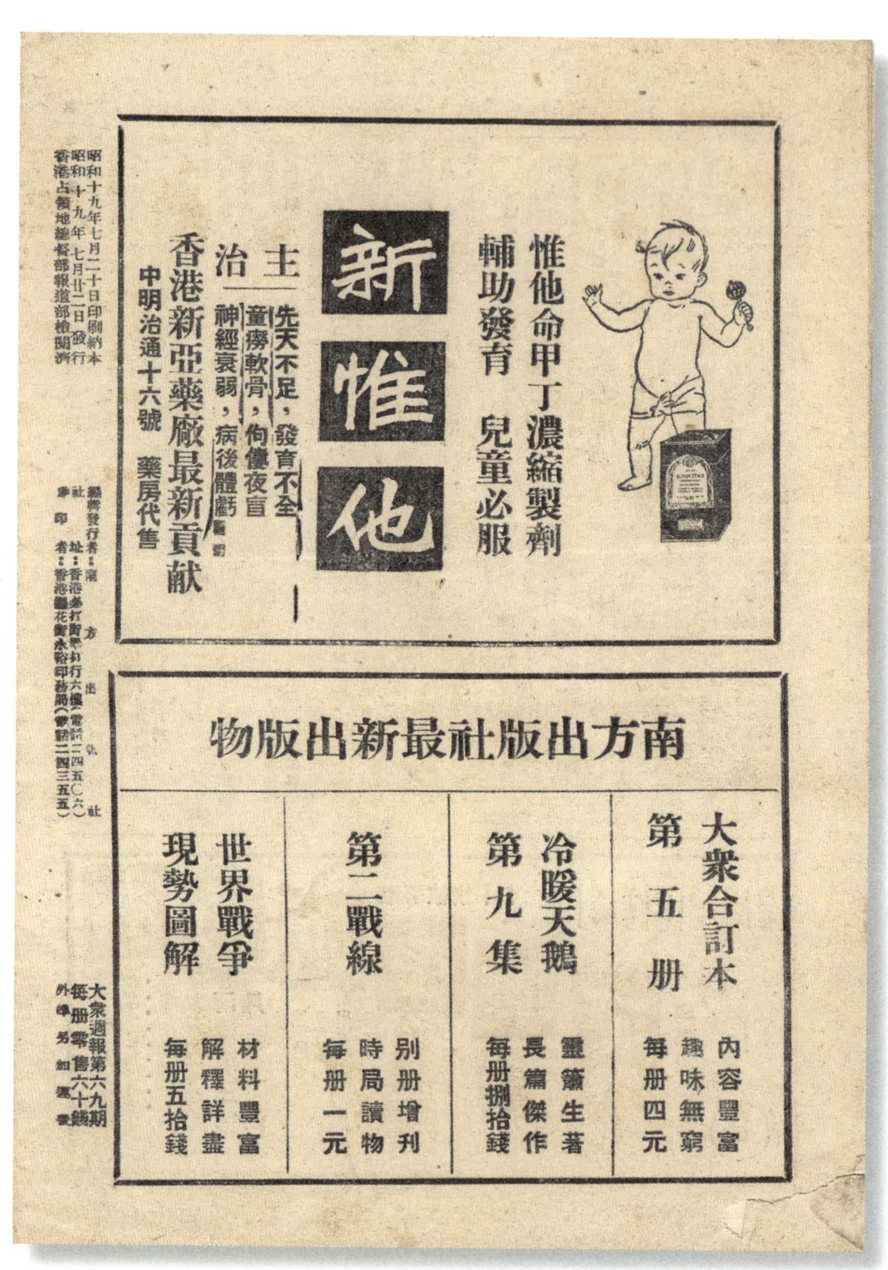

日佔時期的《大眾周報》，其封底除有維他命製劑廣告外，最左近紙邊除了印有「昭和十九年七月廿二日發行」外，還有「香港佔領地總督部報道部檢閱濟」字眼。

淪陷下的《山城雨景》

1944 年 9 月 1 日正是香港淪陷時期，港人在「三年零八個月」的苦難日子裏，吃不飽，穿不暖，生活朝不保夕。在這一天，一本名為《山城雨景》的薄薄小書初版發行，它蒐集十個短篇故事，包括〈黎明〉、〈企米〉、〈山城雨景〉、〈熱狗〉、〈夜〉、〈黃昏〉、〈對方三部曲〉、〈阿囡〉、〈寂寞者底畫像〉和〈竹槓的人生〉，在其扉頁近左邊位置上印有一行細字：「香港占領地總督部報道部許可濟」，這代表此書已通過香港占領地總督部報道部的許可而出版。

《山城雨景》的作者署名為羅拔高，原名是盧夢殊，生於廣東，因愛吃蘿蔔糕便以諧音「羅拔高」作筆名。在 1920 至 1930 年代作者羅拔高在多本電影雜誌任編輯，其中包括《影戲雜誌》、《電影月刊》、《銀星》及《良友畫報》等，並在 1928 年寫有中篇《阿串姐》等小說，特別在 1942 年曾代表香港報界到日本東京參加「大東亞新聞工作會議，後任《華僑日報．僑樂村》編輯，更在 1944 年於香港《華僑日報》頭版專欄《東遊觀感》上連載日本遊記，以及於

1945 年任《香島月報》總編輯（僅出版兩期），編有戴望舒〈李卓吾評本水滸傳真偽考辯〉及葉靈鳳連載小說〈南荒泣天錄〉。[1]

鳳毛麟角

《山城雨景》由香港華僑日報社出版部出版，32 開本，全書連封面及封底共 120 頁，每冊六元。封面底色為淡褐色，左上角印有「山城雨景」四個大字，沒有任何插圖。這本小書單從書名來看，以為故事圍繞在有山城之稱的重慶，但事實卻發生在太平山下的香港。此外，《山城雨景》更獲葉靈鳳及戴望舒分別撰序及寫跋支持，並獲得日方許可出版。

《山城雨景》可用鳳毛麟角來形容，它屬於香港珍貴、稀有及富有日佔歷史意義的文本，是藏書家、收藏家夢寐以求的藏品。揭開封面頁，即被扉頁上方位置的兩個紅色鈐印所吸引，大的方形長 3 厘米，蓋有「梅荷雙清閣」，小的方形長 1.5 厘米，蓋有「方氏寬烈」，代表着此書曾經被香港著名藏書家、詩人方寬烈（1925–2013）收藏。直至今天，筆者有幸成為此珍本的擁有者，希望透過此拙作延續《山城雨景》的故事。

1 盧瑋鑾、鄭樹森主編：《淪陷時期香港文學資料選（1941 至 1945 年）》（香港：天地圖書有限公司，2017 年 3 月）。

淪陷文學

關於《山城雨景》內的十個短篇故事，盧夢殊早在1942年在《華僑日報》副刊〈僑樂村〉發表，小說充分體現淪陷時期香港文學的曖昧態度[2]。其中同名小說〈山城雨景〉講述主人公鄔先生在英治時期的香港奢侈淫逸，生活放縱，引人側目，但一場香港十八天戰爭後，時移勢易，英人敗走，日人管治，所謂「爵紳」之流人財兩空，流落街頭。葉靈鳳在序言下半部分寫有：

那麼，今年的山城雨景，該沒有甚麼值得令人欣賞的了。其實不然，有許多東西點綴着這雨景，使人值得欣賞。這些新點綴品之一，便是這「山城雨景」中所描寫的鄔先生之流。

當然，這欣賞是要代價的。可是當你渾身淋濕，冒雨在山道上走着，正在怨天尤人的時候，偶然回頭一看，過去的「爵紳」之流，正如「山城雨景」裏所描寫的鄔先生那樣，不坐汽車了，也沒有姨太太攙扶着了，只是一人淒涼的在路上踽踽獨步，甚成手裏還吊着幾根青菜，和我一樣的被雨淋得透濕。這情景雖然「殘忍」，可是也實在夠痛快。

我相信，「山城雨景」的作者和我一樣，在雨中特別注意鄔先生之流，並不是幸災樂禍，而是欣喜這些渣滓正在被淘汰，正如點綴這雨景之一的是「塌屋」，可是只有舊的殘破的才要坍，一座基礎穩固的新屋是從不受風雨威脅的。

2　黃念欣主編：《香港文學大系1919—1949：小說卷二》（香港：商務印書館，2015年7月）。

談「山城雨景」

1944年10月14日，《香港日報‧曙光》署名娜馬的作者刊登「談山城雨景」，道出了看過《山城雨景》之後的一篇文藝批評，由於他長年生活的貧乏，久已無此魄力，故由〈評山城雨景〉改為〈談山城雨景〉，部分內容如下：

聽説有人對書內十個短篇中的「山城雨景」而大加賞識。原因？是讀書的人一看到了主角鄔先生的遭遇就高興起來之故。我卻沒有這種心情，鄔先生是不是一個「典型」，姑置別論，然對於鄔先生式的問題，似乎已不是我所最憎恨的對象了！這是我近年所感到的，不過看後覺得這篇整個故事的發展似乎略嫌散漫。

娜馬提到《山城雨景》已經盡其力量來反映雨中之景，這是作者的成功，不過雨景是黎明前夕，應露一絲雨過天青的啟示，這一點，可惜作者忽略了。

1944 年 9 月 1 日，香港華僑日報社出版部初版《山城雨景》，作者署名為羅拔高。因存世只有數本，屬稀有日佔書籍。

可稱鳳毛麟角的《山城雨景》，具扉頁左方印有「香港占領地總督部報道部許可濟」，上方蓋有藏書家、詩人方寬烈的「梅荷雙清閣」及「方氏寬烈」，現為筆者的稀有藏書。

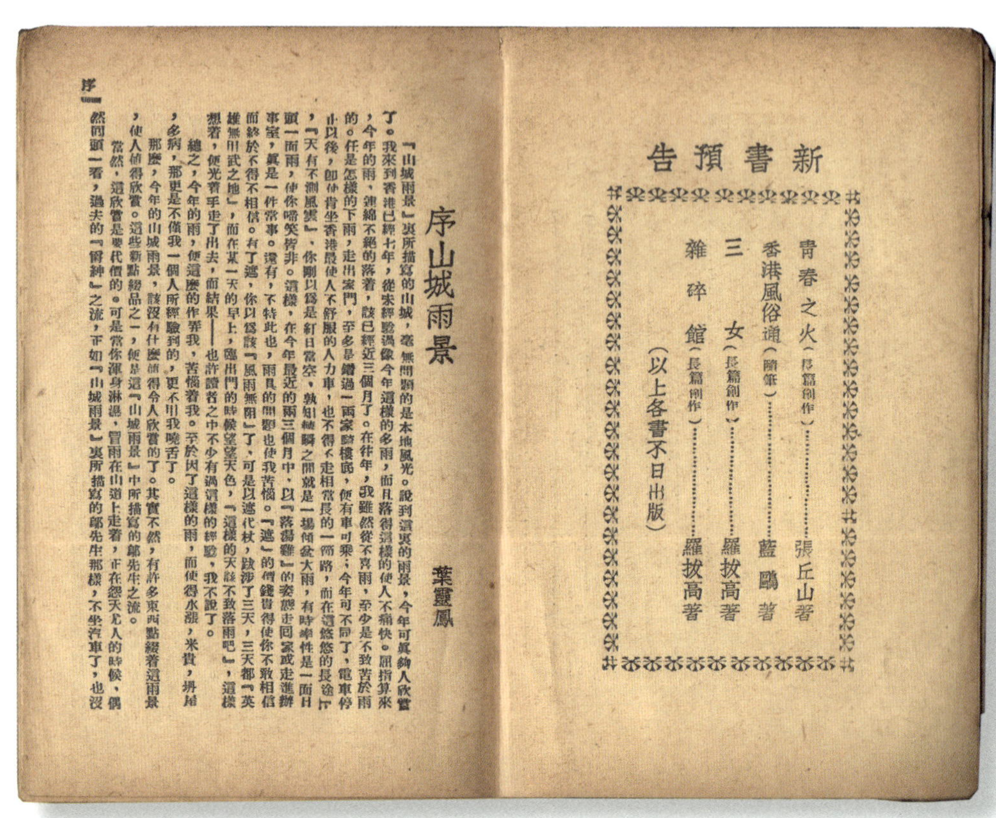

序

山城雨景序

葉靈鳳

『山城雨景』裏所描寫的山城，毫無問題的是本地風光。說到這裏的雨景，今年可眞夠人欣賞了。我來到香港已經七年，從未經驗過像今年這樣的多雨，而且落得這樣的使人不痛快。屈指算來，今年的雨，連綿不絕的落着，該已經近三個月了。在往年，我雖然從不喜雨，至少是不致苦於雨的。任是怎樣的下雨，走出家門，至多是鑽過一兩家騎樓底，便有車可乘；今年可不同了，電車停止以後，即使肯坐香港最使人不舒服的人力車，也不得不走相當長的一段路，而在這悠悠的長途上，『天有不測風雲』，你剛以爲是紅日當空，孰知轉瞬之間就是一場傾盆大雨，有時索性是一面日頭一面雨，使你啼笑皆非。這樣，在今年最近的兩三個月中，以『落湯雞』的姿態走回家或走進辦事室，眞是一件常事。還有，不特此也，雨具的問題也使我苦惱。『遮』的價錢貴得使你不敢相信而終於不得不相信。有了遮，你以爲該『風雨無阻』了，可是以遮代杖，跋涉了三天，三天都『英雄無用武之地』，而在某一天的早上，臨出門的時候望望天色，『這樣的天該不致落雨吧』，這樣想着，便光着手走了出去，而結果——也許讀者之中不少有過這樣的經驗，我不說了。

總之，今年的雨，便這麼的作弄我，苦惱着我。至於因了這樣的雨，而使得水漲，米貴，拼屌，多病，那更是不僅我一個人所經驗到的，更不用我曉舌了。

那麼，今年的山城雨景，該沒有什麼值得令人欣賞的了。其實不然，有許多東西點綴着這雨景，使人値得欣賞。這些新點綴品之一，便是這『山城雨景』中所描寫的鄒先生之流。

當然，這欣賞是要代價的。可是當你渾身淋濕，冒雨在山道上走着，正在怨天尤人的時候，偶然回頭一看，過去的『爵紳』之流，正如『山城雨景』裏所描寫的鄒先生那樣，不坐汽車了，也沒

新書預告

青春之火（長篇創作）……張丘山著

香港風俗通（隨筆）……藍鷗著

三　女（長篇創作）……羅拔高著

雜碎館（長篇創作）……羅拔高著

（以上各書不日出版）

日佔期間出版的《山城雨景》，獲葉靈鳳及戴望舒分別撰序及寫跋。圖左為葉靈鳳序言，右為華僑日報新書預告。

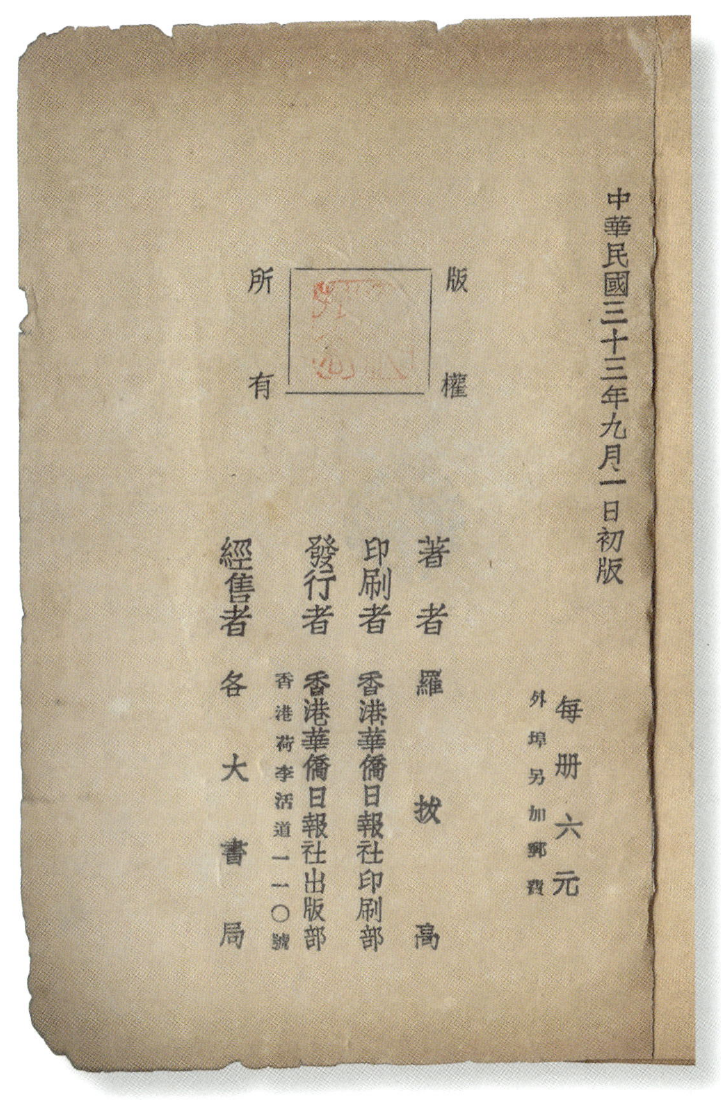

中華民國三十三年九月一日初版

每冊六元
外埠另加郵費

著者 羅拔高

印刷者 香港華僑日報社印刷部

發行者 香港華僑日報社出版部
香港荷李活道一一〇號

經售者 各大書局

版權所有

《山城雨景》於 1944 年 9 月 1 日初版，著者為羅拔高，由香港華僑日報社出版部發行。圖為《山城雨景》版權頁。

第三章

香港文化深耕與晚年生活（1950－1975）

〈郁達夫與王映霞〉

筆者對收藏舊報紙特別感興趣，尤其是被稱為報章「靈魂」的副刊，對其名家小說及散文等都極為喜愛。在報刊創作中，副刊作品往往最能展現作者的真情流露，這些文字多數是作者在最初落筆時，發自內心及純粹的表達，字裏行間可窺探當時作者的內心世界及情感反應。一篇由葉靈鳳先生於 1959 年 9 月 6 日發表在《大公報》上發表的短篇文章，題目為〈郁達夫與王映霞〉，副題則是「一篇遲桂花 未了相思債」，至為精彩！

郁達夫（1896–1945），原名郁文，字達夫，生於浙江富陽。1921 年，郁達夫與郭沫若、成仿吾、張資平等人在上海創立新思維的文學團體「創造社」。同年 7 月，郁達夫寫了第一部短篇小說集《沉淪》，震撼文壇。1932 年，郁達夫晚期創作了《遲桂花》，首次發表於《現代》第 2 卷第 2 期（12 月號）月刊上，後來收在他的《纖餘集》裏。達夫先生非常重視這篇小說，認為是他的成熟作品之一。寫這篇小說的時候，正是他與王映霞（1908—2000）感情達到成熟的階段。

據葉靈鳳在《大公報》發表的〈郁達夫與王映霞〉文中，寫有

「兩人一同從杭州旅行回到上海，達夫便寫了這篇小說。杭州秋天的桂花，本來是有名的，在西湖的後面有一個名叫滿覺隴的地方，更是桂樹成林，香聞十里。這裏有一種桂花開得很遲，但也香得特別濃郁，這便是達夫生取作他的小說題名的《遲桂花》。看來達夫先生認為自己當時已經不是青年，王映霞也不是少女，便用遲桂花來象徵他們兩人的遲戀。《遲桂花》的故事很簡單，描寫男女兩人到女方的家鄉去旅行，男生遊山時在山中發現了一株遲桂花，嗅到它的香味，心中不禁感到一種特別的興奮和喜悅，如此而已。《遲桂花》被譽為是郁達夫在藝術上最精緻及最成熟的小說，也被評為中國現代文學史上一部不可多得具有濃郁抒情味的小說之一。

在「創造社」成立之初，葉靈鳳當時只是該社的其中一個成員，對創造社創立人郁達夫的文學作品非常欣賞和崇拜。可惜，當他知道郁達夫與王映霞相識之後，他的作品已經不再是昔日「沉淪」時代的達夫先生了。他開始走上了昔日中國「文人」和「名士」的道路，頻繁與當時的達官貴人周旋，並應邀去遊山玩水，很少再創作，除了偶然寫一些遊記散文以外，所寫的全是舊體詩。所以，「創造社」成員不大接受王映霞，非常反對達夫先生與王映霞的戀愛。

王映霞是浙江杭州人，被稱為「杭州第一美人」，也印證了「自古美女出蘇杭」這句古話。王映霞不僅容貌出眾，更為難得的是才華滿溢，當年考入了浙江女子師範學校，考試成績名列前茅。王映霞一生中的兩次婚事都轟動全城。1928 年 2 月，年僅 20 歲的她與郁達夫在杭州西子湖畔大旅社舉行婚禮，而當時郁達夫已 32 歲。多年後，因王映霞與軍統局長戴笠的關係而導致離婚。1942 年，王映霞又與鍾賢道走在一起，在重慶再披嫁衣舉行婚禮。王映霞晚年回憶：「如果沒有前一個他（郁達夫），也許沒有人知道我的名字，沒有人會對我的生活感興趣；如果沒有後一個他（鍾賢道），我的後半生也許仍漂泊不定。歷史長河的流逝，淌平了我心頭的愛和恨，留下的只是深深的懷念。」

1923 至 1926 年期間，郁達夫先後在北京大學、武昌師大、廣東大學任教。在魯迅支持下，他擔任《大眾文藝》主編。1938 年郁達夫南渡新加坡，主編《星洲日報》等報刊副刊。1942 年日軍進逼新加坡，他逃至蘇門答臘，最終於 1945 年被日軍憲兵殺害，一代文豪就此隕落。郁達夫除留下給世人的《沉淪》、《銀灰色的死》、《春風沉醉的晚上》、《遲桂花》等著名小說外，他與王映霞的相識、相愛、相分的經過，亦成為文壇的傳奇故事。

王映霞（1908—2000）相片。

郁達夫（1896—1945）相片。

大公報　一九五九年九月六日　星期日　第二張

郁達夫與王映霞

一篇遲桂花　未了相思債

葉靈鳳

1959 年 9 月 6 日，《大公報》副刊登葉靈鳳的《郁達夫與王映霞》。

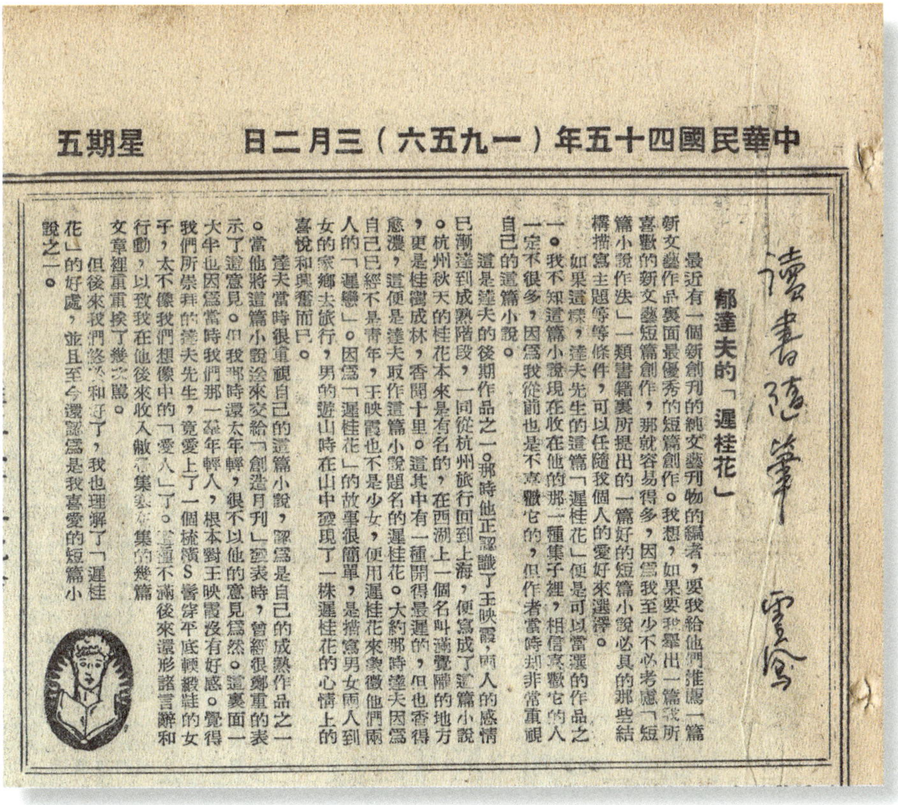

中華民國四十五年（一九五六）三月二日　星期五

讀書隨筆　霜崖

郁達夫的「遲桂花」

最近有一個新創刊的純文藝刊物的編者，要我給他們推薦一篇新文藝作品裏面最優秀的短篇創作。我想，如果要我舉出一篇我所喜歡的新文藝短篇創作，那就容易得多，因為我至少不必考慮「短篇小說作法」一類書籍裏所提出的一篇好的短篇小說必具的那些結構描寫主題等等條件，可以任隨我個人的愛好來選擇。

如果這樣，達夫先生的這篇「遲桂花」便是可以當選的作品之一。我不知這篇小說現在收在他的那一種集子裡，相信喜歡它的人一定不很多，因為我從前也是不喜歡它的，但作者當時却非常重視自己的這篇小說。

這是達夫的後期作品之一。那時他正認識了王映霞，兩人的感情已漸達到成熟階段，一同從杭州旅行回到上海，便寫成了這篇小說。杭州秋天的桂花本來是有名的，在西湖上一個名叫滿覺隴的地方，更是桂叢成林，香聞十里。這其中有一種開得最遲的，但也香得愈濃，這便是達夫取作這篇小說題名的遲桂花。大約那時達夫因為自己已經不是青年，王映霞也不是少女，便用遲桂花來象徵他們兩人的「遲戀」。因為「遲桂花」的故事很簡單，是描寫男女兩人到女的家鄉去旅行，男的遊山時在山中發現了一株遲桂花的心情上的喜悅和興奮而已。

達夫當時很重視自己的這篇小說，認為是自己的成熟作品之一。當他將這篇小說送來交給「創造月刊」發表時，曾經很鄭重的表示了這意見。但我那時還太年輕，很不以他的意見為然。這裏面一大半也因為當時我們那一羣年輕人，根本對王映霞沒有好感。覺得我們所崇拜的達夫先生，竟愛上了一個梳着S髻穿平底輭緞鞋的女子，太不像我們想像中的「愛人」了。這種不滿後來還形諸言辭和行動，以致我在他後來收入敝帚集或懺餘集的幾篇文章裡重重挨了幾次罵。

但後來我們終於和好了，我也理解了「遲桂花」的好處，並且至今還認為是我喜愛的短篇小說之一。

1956 年 3 月 2 日，葉靈鳳於《星島日報》副刊專欄《讀書隨筆》發表〈郁達夫的「遲桂花」〉。

由施蟄存編輯的《現代》第 2 卷第 2 期（12 月號）月刊，由上海現代書局於 1932 年 12 月 11 日發行。

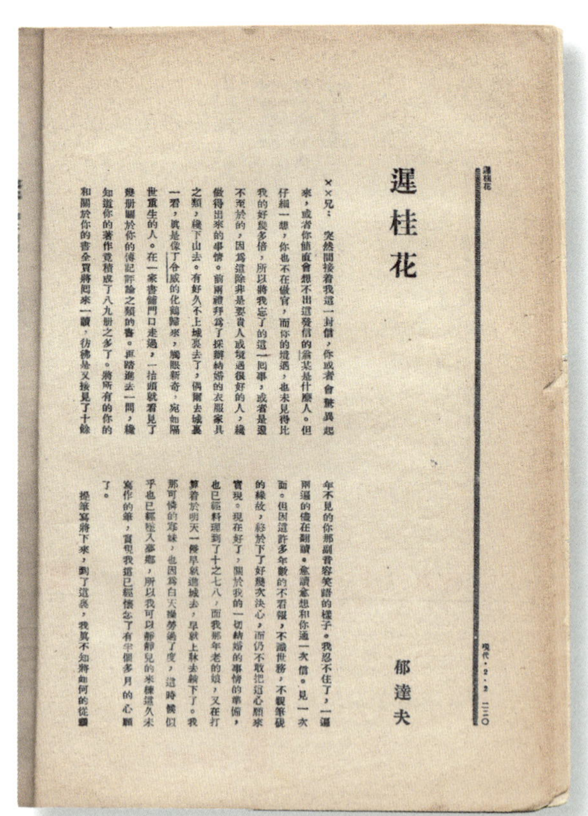

遲桂花

現代・2・2 二三〇

遲桂花

郁達夫

××兄：突然間接着我這一封信，你或者會驚異起來，或者你簡直會想不出這發信的翁某是什麼人。但仔細一想，你也不在做官，而你的境遇，也未見得比我的好幾多倍，所以將我忘了的這一回事，或者是還不至於的，因為這除非是要貴人或境遇很好的人，纔做得出來的事情。前兩禮拜為了採辦結婚的衣服家具之類，纔下山去。有好久不上城裏去了，偶爾去城裏一看，真是像了令威的化鶴歸來，觸眼新奇，宛如隔世重生的人。在一家書舖門口走過，一抬頭就看見了幾册關於你的傳記評論之類的書。直踏進去一問，纔知道你的著作竟積成了八九册之多了。將所有的你的和關於你的書全買將回來一讀，彷彿是又接見了十餘年不見的你那副音容笑語的樣子。我忍不住了，一遍兩遍的儘在翻讀。愈讀愈想和你通一次信。見一次面。但因這許多年數的不看報，不識世務，不親筆硯的緣故，終於下了好幾次決心，而仍不敢把這心願來實現。現在好了，關於我的一切結婚的事情的準備，也已經料理到了十之七八，而我那年老的娘，又在打算着於明天一侵早就進城去，早就上牀去睡下了。我那可憐的寡妹，也因為白天操勞過了度，這時候似乎也已經睡入夢鄉，所以我可以靜靜兒的來練這久未寫作的筆，實現我這已經懷念了有半個多月的心願了。

提筆寫將下來，到了這裏，我真不知將如何的從

1932 年，郁達夫的短篇小說《遲桂花》首次發表於《現代》12 月號月刊。

由施蟄存及杜衡合編的《現代》第 3 卷第 5 期（12 月號）月刊，由上海現代書局於 1933 年 9 月 1 日發行。

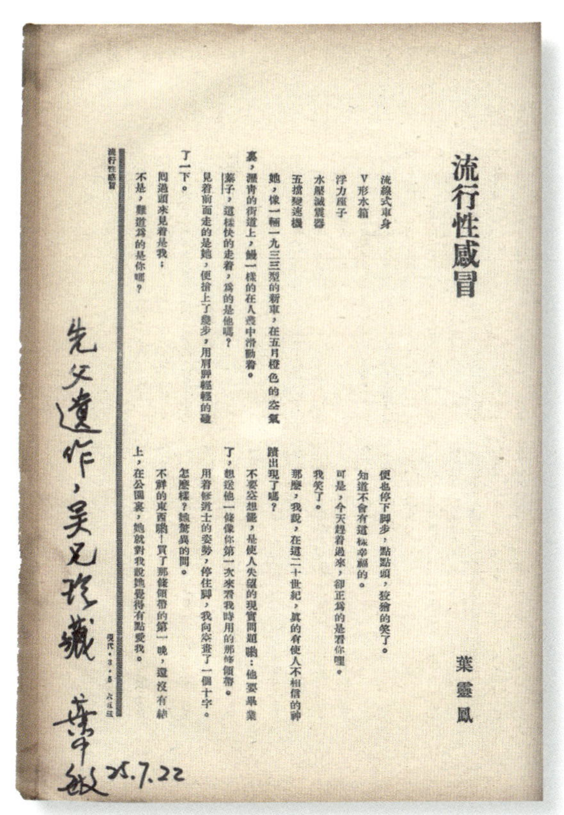

流行性感冒

葉靈鳳

流線式車身

V形水箱

浮力座子

水壓減震器

五擋變速機

她，像一輛一九三三型的新車，在五月橙色的空氣裏，瀝青的街道上，鰻一樣的在人叢中滑動着。

蓁子，這樣快的走着，為的是他嗎？

見着前面走的是她，便搶上了幾步，用肩胛輕輕的碰了一下。

回過頭來見着是我：

不是，難道為的是你嗎？

便也停下腳步，點點頭，狡獪的笑了。

知道不會有這樣幸福的。

可是，今天趕着過來，卻正為的是看你哩。

我笑了。

那麼，我說，在這二十世紀，真的有使人不相信的神蹟出現了嗎？

不要空想罷，是使人失望的現實問題喲：他要畢業了，想送他一條像你第一次來看我時用的那條領帶。

用着修道士的姿勢，停住腳，我向空畫了一個十字。

怎麼樣？她驚異的問。

不祥的東西喲！買了那條領帶的第一晚，還沒有結上，在公園裏，她就對我說她覺得有點愛我。

流行性感冒　現代・3・5　六五五

葉靈鳳創作的《流行性感冒》發表於 1933 年 9 月 1 日出版的 12 月號《現代》。在 2022 年香港書展上展示，葉靈鳳女兒葉中敏寫給筆者：「先父遺作，吳兄珍藏，葉中敏 25.7.22」。

大年初一日記

筆者近來在書架上取出了多本有關葉靈鳳的舊著重閱，包括《洪水》、《幻洲》、《戈壁》、《讀書隨筆》、《文藝隨筆》、《晚晴雜記》、《記憶的花束》等等，以及由盧瑋鑾教授（小思老師）策劃及題箋，張詠梅注釋的《葉靈鳳日記》。還記起在2020年6月上旬當《葉靈鳳日記》出版後，曾向她請教這日記的問題及題箋內容，小思老師解答後還提及：「此書要慢慢看，以你能力，應該可另有發現。不要跳讀、速讀。可以先細讀下冊最後兩段編後談。」

筆者收到小思老師的導言，即細閱她提到的下冊〈編後記〉，內容是張詠梅及小思的對談內容，經整理下定稿，收錄了《葉靈鳳日記》的【出版的緣由】、【日記反映了怎樣的香港文化生態？】、【我們不足之處】、【日記反映了葉靈鳳怎樣的形象？】、【葉靈鳳是「過客」嗎？】、【葉靈鳳是「幸運」還是「痛苦」？】、【夾縫中的葉靈鳳身上的不同「外衣」】及【出版前的交代】。這〈編後記〉八個章節，提及《葉靈鳳日記》很多不為人知的事情，對研究葉靈鳳提供了重要資料，亦對香港文學文化動態研究有莫大的幫助。

《葉靈鳳日記》收錄1943年9月至1974年5月葉靈鳳所寫的

日記，其中包括家庭瑣事、備忘、收入賬目等文字資料，可惜有部分日記出現中斷，如淪陷時期的日記很簡略，1962 年及 1972 年只有一天記事，有些年份也缺少。儘管日記內容時有斷續，但在農曆年初一這中國人過年的重要日子，葉靈鳳在 1946 年至 1974 年的農曆年初一都有寫日記，從中可看到他非常重視過年、拜年的風俗。

【1946 年 2 月 2 日】

讀《阿道爾非》[1]，不知怎樣，覺得作者所描寫的阿道爾非的個性，竟和我有點相似。二月二日，舊曆元旦。

【1947 年 1 月 23 日】

連日天雨，又值新年，皆未出門。間有友人來循例拜年。

偷暇整理所搜集之西洋畫彩色複製品，大小得四五百幅。又翻閱各書論近代畫派之論文。至今尚未能買得畢加索之畫集，亦一憾事。最近又託別發書店往訂購，不知能如願否。從各處剪下之畢加索彩色複製品已近十餘幅。除一二幅外，印刷皆不夠好。

畢加索已成為現代畫派之第一人。影響極大。從新近英美雜誌論文看來，即最守舊之美術館也開始購藏及展覽他的作品了。

【1951 年 2 月 6 日】

舊曆元旦。

1 Benjamin Constant（1767—1830，法國作家）著，Aduoerfu（《阿道爾非》，或譯作《阿道爾夫》、《阿朵耳夫》），葉麐譯，北京晨報出版部，1928 年。

早出赴林社長、君葆、陳姑娘家拜年。在陳姑娘家遇張君秋，彼即乘便拜年，居然跪地磕頭一個，使我手忙腳亂，大窘。這還是舊時北京唱戲的老規矩。

【1952 年 1 月 27 日】

今日為舊曆元旦，爆竹聲極鬧人。上午家中循例吃年糕。出門往林社長家拜年，又至君葆處拜年。今日天氣極好，和暖如春。路上人甚多，但一切似較往年冷落。

【1953 年 2 月 14 日】

農曆元旦，十一時起身，午飯後，至林靄民處拜年，以前每年都去，現雖不做社長，但仍應一去，以免被人説人情淡薄。又去君葆處[2]。

昨夜遲晚（睡），今晚十二時即睡。今天一整天不執筆，別人元旦開筆，我輩則乘元旦休息一下也。

【1968 年 1 月 30 日 星期二】

今日為農曆元旦，未能免習俗，下午出外拜年，往馬老太、君葆[3]及羅承勳處。

今年過年，不許放爆竹，因此冷冷清清，不像過年。

---

2 陳君葆：《陳君葆日記全集，卷三，1950—56》，1953 年 2 月 14 日：「來拜年的侄兒輩而外，……之後則靄鳳夫婦與他們的兩大孩子。」（頁 221）

3 謝榮滾 主編：《陳君葆日記全集・卷六・1967—71》（香港：商務印書館（香港）有限公司，2004 年），2004 年版本中記錄：1968 年 1 月 30 日：「下午，近晚飯時分，靄鳳夫婦和他們最小的兩個女兒來，略談了一會就去。」（頁 148）

【1969年2月17日 星期一】

天陰，今日為農曆元旦，循例往幾個朋友家拜年，馬鑑太太處，陳君葆處[4]，及羅承勛處，六時許始回家。

吃蘿蔔糕，閑坐閱周作人的《魯迅小說裏的人》。他還有一篇〈關於朝花夕拾〉，未見。

【1970年2月6日 星期五】

今日天氣晴暖，是農曆庚戌年元旦，屬狗，我已是六十六歲的人。

早上有以前女傭的義女偕子女來拜年，每年皆如此，已歷多年，孩子們群呼之為「人情味」，也不知姓甚麼。以前子女很幼，來了總要爭搶糖果。今年來，兩女已長大成人，較小的也不再爭糖了。

又，中凱之友唐君來坐，是上海人，力言中凱應該成家立室了。

中絢夫婦回來拜年。同出去馬老太家、君葆家拜年[5]。

早吃蘿蔔糕，甚佳。

【1973年2月3日 星期六】

今早羅玄囿來拜年，稍遲中敏夫婦、中絢夫婦相繼來，款以洋酒。

今晚十時即睡，吃蘿蔔糕。

---

4 謝榮滾 主編：《陳君葆日記全集・卷六・1967—71》（香港：商務印書館（香港）有限公司，2004年），2004年版本中記錄：1969年2月17日條：「傍晚，靈鳳夫婦挈同和最少偏憐的兩個兒女暨同嫁與招家的女兒、女婿以及外孫來拜年，滿滿地壓了一屋子，十分高興，熱鬧；招俊基，他也已七十二了，是與我同庚的。」（頁279）

5 謝榮滾 主編：《陳君葆日記全集・卷六・1967—71》（香港：商務印書館（香港）有限公司，2004年），2004年版本中記錄1970年2月6日條：「晚七時，靈鳳夫婦和最幼小的小哥兒來，談了好一會。」（頁401）

【1974 年 1 月 23 日 星期三】

今日為農曆正月初一元旦，今年歲次丙寅，屬虎，天氣甚好。中絢夫婦及中敏夫婦來拜年。晚間偕克臻至中絢家。

從以上 1946 年至 1974 年葉靈鳳於農曆年初一的日記中，可見他的節慶安排大致相同，早上吃蘿蔔糕及年糕等賀年食物，下午遵循舊俗出外拜年，往馬老太、陳君葆及羅承勳處。其中 1953 年農曆元旦日尤為特別，葉靈鳳一整天不執筆，他還說別人在元旦開筆，他則乘元旦休息一下。1969 年農曆年初一，葉靈鳳閑坐閱周作人的《魯迅小說裏的人》，對魯迅的小說人物充滿興趣，從中可見他對魯迅仍念念不忘。

由盧瑋鑾教授（小思老師）策劃及題箋，張詠梅注釋的《葉靈鳳日記》，於 2020 年 5 月 18 日出版。

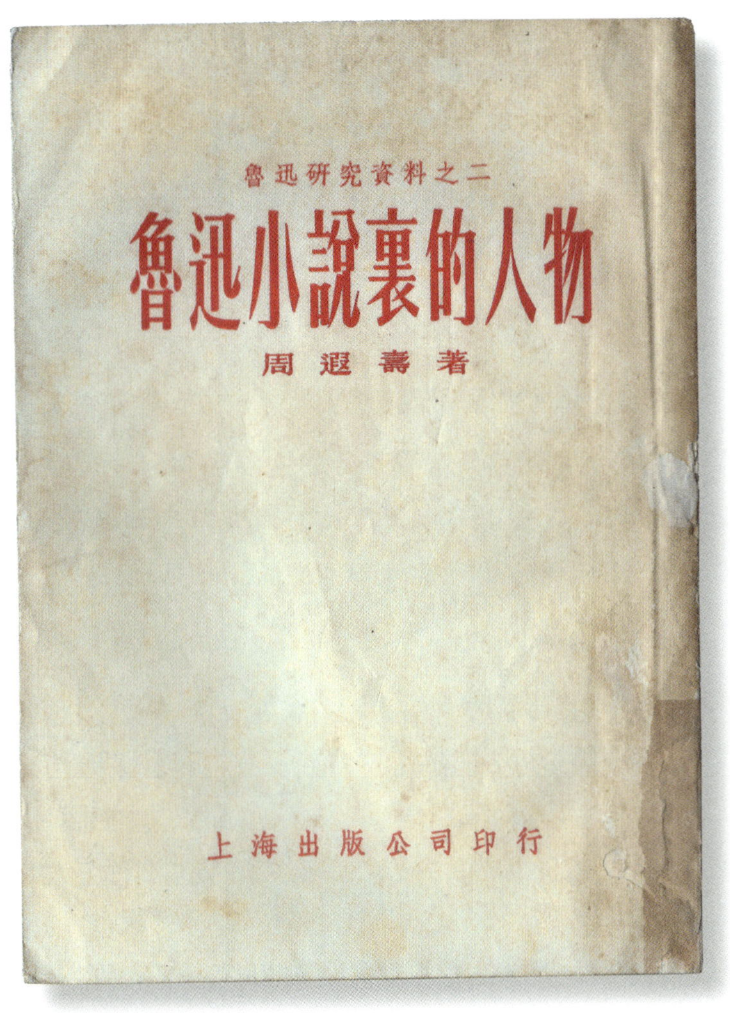

葉靈鳳於 1969 年 2 月 17 日大年初一，往馬鑑太太、陳君葆及羅承勛處拜過年後，回家吃蘿蔔糕及閱周作人的《魯迅小說裏的人物》。圖為上海出版公司印行的《魯迅小說裏的人物》，於 1954 年 4 月初版。

葉靈鳳不知張愛玲

愛看電影的南來文人葉靈鳳，每次看過電影後習慣在其日記裏，記下戲名和自己的評語及感想。在戰後的 1949 年 11 月初，葉靈鳳看完一部改編自英國作家狄更斯（Charles Dickens）巨著的《雙城記》（*A Tale of Two Cities*）電影後，當天寫下日記並留下自己的觀後感如下：

《雙城記》

「影片將法國大革命歪曲得很厲害，極多嘲弄的場面，寫成完全是一群暴徒的瘋狂渴血舉動。尤其是對於貴族的審判場面。」

翌年 2 月 16 日舊曆除夕夜，當晚天氣寒冷，葉靈鳳於晚飯前除偕子女出外添購零物外，還兼看新上演由著名演員英格烈褒曼（Ingrid Bergman）主演的《聖女貞得》（*Joan of Arc*）電影。看過戲後在日記寫下自己的評語如下：

《聖女貞得》

「戲中所要扮演的莊嚴宗教氣氛，並不能傳達於觀眾。場面亦不熱鬧。可謂失敗了。女主角褒曼，目前正因通姦事件為美國一部分戲院和觀眾所杯葛。」

另外又在1951年4月24日葉靈鳳日記中，提及他在晚上看完由來自上海的桑弧執導的電影《哀樂中年》（*You Are Still Young*）後，留下以下評語：

《哀樂中年》

「故事的造意甚好，近年中國電影的進步頗可觀。沒有洋場的市井氣，又減少枯燥的説教場面，努力向平淡人情味接近，所以看來能令人耳目一新。主角石揮的演技很老到深刻。」

桑弧執導的《哀樂中年》電影由上海文華電影公司製作，著名演員石揮及朱嘉琛主演，韓非、李浣青、莫愁、沈揚、俞仲英、葉明、崔超明等人參演，電影講述人到中年的鰥夫陳紹常（石揮飾）與摯友的女兒敏華（朱嘉琛飾）相愛，遭家人反對，他們克服困難最終走到一起的故事。

從以上三部電影的簡短觀後感得知，葉靈鳳對電影質素的要求及期望很高，認為一部值得稱讚的電影，可以能讓人沉浸在影片所營造的情感世界裏，能受主角所影響而產生共鳴甚至同悲歡及共休戚，同時特別注重影片畫面的細節，他認為畫面需要細緻的描繪，包括人物的一舉手及一投足，甚至一顰一笑等。

1950 年 2 月 16 日即舊曆除夕夜，葉靈鳳看了一部由英格烈褒曼（Ingrid Bergman）主演的《聖女貞得》（*Joan of Arc*）電影。圖為娛樂月刊，封面以飾演《聖女貞得》的英格烈褒曼所宣傳。

1951 年 4 月 24 日晚上，葉靈鳳於香港灣仔國泰戲院觀看電影《哀樂中年》。圖為該電影廣告，印有桑弧為編導，主角包括石揮、朱嘉琛、沈揚、李浣青及韓非。

表親關係

葉靈鳳的《哀樂中年》的觀後感非常正面，並稱讚中國電影的進步，令人耳目一新。在提及「平淡人情味接近」，其中「平淡」兩字勾起筆者的記憶，張愛玲於 1954 年寫信給胡適先生，信中亦提及「平淡而近自然」的相似字眼。筆者相信葉靈鳳不知道《哀樂中年》劇本真正的原創人，除了眾人所知的桑弧導演外，不具名的張愛玲功不可沒！[1]

另外，估計葉靈鳳不知道他與張愛玲原來是姨表親戚關係。葉靈鳳的母親，是李鴻章弟李蘊章之外孫女[2]，而張愛玲的曾外祖父是李鴻章，所以他們兩位傳奇人物有着表親的關係。自古流傳的一句諺語「表親三千里，堂親五百年」，代表着堂親的關係可以持續很長的時間，反觀表親的疏離則愈來愈遠，引致葉靈鳳與張愛玲生前也不知兩者有姨表的關係。

說起葉靈鳳的母親，她在靈鳳六歲時因染上急疾而猝死。這陰鬱的記憶支配了葉靈鳳的童年生活，也影響了他的性格，更使他對於家鄉南京和故居「九兒巷」燕王府的印象染上了一層灰黯。他曾撰文〈故鄉行〉[3]、〈鄉愁〉來懷念早逝的母親和南京的兒事。

1 蘇偉貞：《長鏡頭下的張愛玲：影像，書信，出版》上海文藝出版社，2012 年。
吳邦謀：《張愛玲在香港》，商務印書館（香港），2025 年。

2 葉靈鳳著 盧瑋鑾策劃 / 箋 張詠梅注釋：《葉靈鳳日記》，香港三聯書店，2020 年 5 月。
李廣宇：《葉靈鳳新傳》，中華書局（香港）有限公司，2024 年 7 月。

3 刊自《學生雜誌》第十二卷第三、四、五號，商務印書館，1925 年 3 月至 5 月。

1950 年代文華影訊特刊，以電影《哀樂中年》的劇照作封面，該電影被葉靈鳳給予正評。

約 1940 年代末，張愛玲在上海常德公寓香閨留影，拍攝者為桑弧。葉靈鳳在世時不知張愛玲是姨表親戚。

宋皇臺滄桑史

著名歷史學家、太平天國史專家簡又文教授（1896－1978），於 1960 年 3 月在港主編出版《宋皇臺紀念集》，以重點記錄有關南宋及宋末二帝南下的歷史。《宋皇臺紀念集》集歷史、文藝、考證、志乘及圖象於一身，其「考證之部」有多篇精彩文章，作者除了有探花陳伯陶、簡又文、饒宗頤、許地山、黃佩佳、吳灞陵等學者外，還有葉靈鳳以筆名葉林豐署名。在「文藝之部」有饒宗頤撰的《宋皇臺賦》、馬鑑的《懷宋皇臺》、清朝遺老的《宋臺秋唱》等。

《新安縣志》

在考證宋王臺的部分，簡又文曾向葉靈鳳邀稿，當時葉靈鳳以筆名葉林豐撰寫了一篇名為〈港九的南宋史蹟〉的文章，更刊登他藏有的孤本《新安縣志》裏的附圖「新安縣沿海圖」，令讀者大開眼界，能夠一窺出現在古籍上的梅蔚山、官富山、大奚山、新安縣城、大鵬城等地方的位置。

葉靈鳳所收藏的孤本《新安縣志》，是清嘉慶二十四年（公元 1819 年）重修之木刻本，亦是《新安縣志》中的第一版原本，雖缺頭兩頁和序二，以及最末一頁的〈藝文志〉殘頁，但卻是最具史料價值的版本。在葉靈鳳生計最困難的時候，英、美研究機構曾出六位數字欲以重金購之，但仍被他婉拒，他言明此《新安縣志》將來一定要送給內地作研究。1975 年 11 月 23 日葉靈鳳因病過世後，他的夫人趙克臻根據他的遺願於 1980 年將縣志贈與廣東省中山圖書館收藏。

〈宋皇臺滄桑史〉

1952 年，葉靈鳳以筆名葉林豐寫的〈宋皇臺滄桑史〉刊登於《新中華畫報》第四期，文史兼備，鉅細不遺。在《新安縣志》卷十八〈勝蹟略・古蹟〉，記載着：「宋王臺，在宮富之東，有盤石方平數丈，昔帝昺駐蹕於此，臺側巨石舊有宋王臺三字」。葉靈鳳經過詳細考證，指出「昔帝昺駐蹕於此」，實在是記載錯了！

葉靈鳳在文章中說明：「因為這裏一再提起的『帝』，實在該是端宗，即益王昰。據宋史所載，他是在福州即帝位不久，因了元兵來攻，便倉皇沿海南下的。『南宋書』所稱『景炎元年十二月，帝次甲子門，二年二月次梅蔚，四月進次官富場』，所指的便是這些事。至於帝昺，即衛王，他是益王昰（即端宗）的弟弟，是在端宗逝世以後始承繼帝位的，但其時早已又從官富場流亡到硐州去了。所以在官富場駐蹕的實在是帝昰而不是帝昺，這本是很清楚而簡單的史實，不知怎樣當時修撰新安志的人竟記錯了。」

宋皇臺站文物發現

2012 至 2015 年間，在港鐵沙中線土瓜灣站（現改為宋皇臺站）地盤，發現千年宋元方井，並掘出大量宋元時期及十九世紀末至二十世紀中的出土文物。根據《聖山地區考古報告書》和「聖山遺粹：宋皇臺出土宋元文物展」資料所得，遺蹟及文物分別埋藏在六處不同深度的地層，代表着不同時期的活動，分別為現代堆積、十九世紀晚至二十世紀中、元代中晚期、南宋晚至元初期、南宋中期、北宋晚至南宋初。另外發現的遺蹟超過一百處，多在南宋至元代時期地層，包括石構房屋基址、水井、窰爐、道路、灰坑及墓葬等等，顯示宋元時期在聖山附近有大型村落，另外發現的文物有陶瓷器、磚、瓦、鐵器、木塊及銅錢等等，其中宋元陶瓷器碎片數量驚人，約有七十萬片，主要是福建、浙江、江西、廣東等地窰口所生產的日用陶瓷器。

宋皇臺站工程範圍還出土了一些過往香港考古未見的珍貴文物，包括一對龍泉窰八卦紋香爐、藥王像、陶骰等等，另外還發掘出宋代方孔銅錢約五百枚，最早為北宋「宋元通寶」錢（公元 960 年始鑄），最晚為南宋「皇宋元寶」錢（公元 1253 至 1258 年間鑄造），而元代銅錢沒有任何發現。還有發掘出寫有墨書銘的青釉碗，其底部寫有中國漢字，例如吳、黃、何、葉、俊、千、十二、店、何店、綱司、公保等等，非常稀有。對於宋元方井的發現，據香港史專家劉智鵬教授認為：「一個設有水井的地方，表示有一個聚落，發現的地方很有可能就是宋朝官富鹽場的衙署。」宋皇臺站掘出的遺址範圍之大，文物數量之多，不但轟動整個考古界及史學界，甚至有人說香港的歷史或會被完全改寫。相傳南宋末代兩位小皇帝——宋端宗和宋帝昺，曾經到過官富鹽場，而在嘉慶《新安縣志》卷十八〈勝蹟略・古蹟〉更記載了昔帝駐蹕於宋王臺。今次遺址及文物的發現能否證實這些傳言及縣志所言？

據宋皇臺站考古工作評估，所發掘出的文物及遺址並沒有發現與宋末二帝、官富鹽場甚至宋王臺相關，但卻顯示原聖山周邊的沿岸地帶早在宋元時期已有村落出現，且有相當程度的發展。另外從發現的罕見宋元茶具包括茶盞、盞托及水注，亦反映飲茶是當時民間的風尚，至於還有沒有土瓜灣一帶或九龍城別處地下，埋藏了其他宋元或再早期的文物，只能有待日後該處能夠動土發掘才會知曉，但不知何年何月才可實現。

宋王臺

宋王臺大石原位於九龍灣南岸原有一小山崗上，山高約 35 米及後稱為「聖山」(Sacred Hill)。「宋王臺」三個大字刻在北面的大石壁上，「臺」字下半從口及從土，曾被人稱為「宋王堂」。1899 年，政府頒布「保存宋王臺條例」禁止於聖山範圍採石，及後聖山加建牌樓、石垣，成為熱門的旅遊勝景。

宋王臺的大石上刻有「宋王臺」三個大字和「清嘉慶丁卯重修」七個小字。現存的這十個字是舊有的還是重修時新刻的，已不可考，也不知是誰人的手筆。從刻有的字體可知，嘉慶帝乃乾隆第十五子，於公元 1796 年登基，嘉慶丁卯便是嘉慶十二年，亦表示該宋王臺大石於公元 1870 年重修，與宋朝 (960−1279) 相距最少

528 年，清朝的人沒有可能目睹南宋的末帝駐蹕宋王臺，那麼他們憑甚麼文獻或史料，認為宋末少帝曾到訪宋王臺？

宋帝駐蹕宋王臺？

若有記載宋帝昺（後認為是宋端宗，即益王昰）駐蹕宋王臺的，目前知道最早是康熙二十七年（公元 1688 年）和嘉慶二十四年（公元 1819 年）存世的兩個版本《新安縣志》有所編纂，其卷十八〈勝蹟略・古蹟〉記載着：「宋王臺，在官富之東，有盤石，方平數丈。昔帝昺駐蹕於此。臺側巨石舊有「宋王臺」三字。」至於最早於明萬歷十四年（公元 1586 年）由知縣邱體乾首次纂修的《新安縣志》有否記載，因未見文本在世而未能證實。

另外，1916 年由前清探花陳伯陶邀集旅港的清朝遺民賴際熙、汪兆鏞、蘇澤東等十餘人，到九龍城宋王臺祀宋末遺民趙秋曉生辰，各遺民藉以詩詞紀念先賢，憑弔宋末史蹟，並懷緬清室，後由蘇澤東編輯《宋臺秋唱》。香港大學羅香林教授稱此為香港文學之第三期，視其為隱逸派人士之懷古作品，為「香港中國文學之懷古詩篇，遂躋於高峰矣」。

但根據香港宋史專家何冠環教授在一次傳媒訪問中的論述，有關南宋和元朝的文獻或史書中像《宋季三朝政要》、《文天祥全集》、《厓山集》、《二王本末》等，都沒有記載南宋末帝逃避蒙古兵而沿途停留宋王臺，只有到過官富場的地方。根據饒宗頤著的《九龍與宋季史料》資料所得，官富場乃因官富山得名，且是宋東莞四大鹽場之一，範圍覆蓋今日的觀塘、九龍灣至尖沙咀沿岸，並駐有鹽官管理及官兵看守。《厓山集》在景炎二年，記載着「四月，帝舟次於廣之官富場。」問題便出現了，宋元兩個朝代的史書及文獻沒有任何記載上述宋末少帝駐蹕宋王臺，反而相隔最少五百多年的清朝康熙及嘉慶時期的《新安縣志》有所編纂，實在令人難以置信！所以，根據現時存世的文獻和發現的文物，宋末少帝曾駐蹕宋王臺之說，確實存在諸多可疑之處，有待學界進一步釐清。

宋皇臺滄桑史

·葉林豐·

SUNG-WANG-TAI (THE TERRACE OF THE KING OF SUNG DYNOSTY) ITS PAST AND FUTURE.

和二王殿的遺跡也很難找得到了。「宋王臺」三字會從此真的成爲一個歷史上的名詞了。

九龍宋王臺這一古蹟的由來，是由於南宋二王南下避元兵，曾在這裏停留過。九龍古名官富場。所謂南宋二王，卽益王昰與衛王昺。這是宋末的兩個小皇帝，益王是哥哥，後稱端宗，衛王是弟弟，後來陸秀夫在厓門負之投海的便是他。關於這兩個小皇帝來到官富場的經過，明錢士升修的「南宋書」說：

「景炎二年二月，帝舟次梅蔚，四月進次官富場，九月次淺灣」。

梅蔚和淺灣（卽荃灣），都是至今還在沿用着的地名。他們當時雖是流亡的小朝廷，但是旣然在這裏停留了半年多，自然不免有若干建設遺蹟留下來。「大清一統志」說，在南方沿海一帶：「宋行宮三十餘所，可考者四，其一爲官富場」。

古稱官富場的九龍，舊時歸新安縣管轄。新安卽今日的寶安。清嘉慶二十四年修的新安縣志，卷十八古蹟門對於南宋行宮和宋王臺的記載共有三則。其一云：「景炎行宮在梅蔚山，宋景炎二年，帝舟抵此，作行宮居焉」。

其二云：「官富駐蹕：宋行朝錄，丁丑年四月，帝舟次於此，卽其地營宮殿，基址柱石猶存，今土人將其址改建北帝廟」。

第三則是關於宋王臺的：「宋王臺，在官富之東，有盤石方平數丈，昔帝駐蹕於此，臺側巨石舊有宋王臺三字」。

我們在這裏要留意的是，上文說「昔帝駐蹕於此」，實在是記載錯了。因爲這裏一再提起的「帝」，實在該是端宗，卽益王昰。據宋史所載，他是在福州卽帝位不久，因了元兵來攻，便倉皇沿海南下的。「南宋書」所稱「景炎元年十二月，帝次甲子門，二年二月次梅蔚，四月進次官富場」，所指的便是這些事。至於帝昺，卽衛王，他是益王昰（卽端宗）的弟弟，是在端宗逝世以後始承繼帝位的，但其時早已又從官富場流亡到硇州去了。所以在官富場駐蹕的實在是帝昰而不是帝昺，這本是很清楚而簡單的史實，不知怎樣當時修撰新安志的人竟記錯了。

未遭毀壞以前的宋王臺，本是座落在一座小山上，俗名聖山，三面陸地，一面瀕海，九龍灣的淺灘直伸到山腳下，潮漲潮落，在這一帶拾取蠔蜆的小兒女很多。那幾塊大石，恰如新安縣志

1952 年，葉靈鳳以筆名葉林豐於《新中華》雜誌第四期首次發表〈宋皇臺滄桑史〉，附圖精彩。

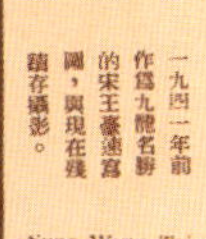

一九四一年前作爲九龍名勝的宋王臺速寫圖，與現在殘蹟存攝影。

Sung-Wang-Tai, as awell known historical scenery, was sketched before 1941, and its photograph present

所說，有一塊特別平坦闊大，臨空伸出，下面有一塊小石撑住，構成一個「石殿」模樣。「宋王臺」三個大字便刻在北面的石壁上。每字大有二尺多，「臺」字下半從口從土，所以有時又被人稱爲「宋王堂」。大字右首又有一行小字，作「大清嘉慶丁卯重修」。嘉慶丁卯就是嘉慶二十四年，這年就是重修新安縣志的那年，縣志上說「臺側巨石舊有宋王臺三字，」現存的這三個字是舊有的還是重修時新刻的，已不可考，也不知是誰人的手筆。

我第一次登臨宋王臺，已是二十多年前的事了。當時已經由那位住在九龍自署「九龍真逸」的滿清遺老陳伯陶等人修理過。山腰四週築有石牆，有一座小亭，並有一座牌樓式的大門。倚着宋王臺的石欄，可以東望鯉魚門，北望九龍寨城和那一直達海邊的石橋碼頭。

這班遺老們寫下了許多詩詞題記，其中如陳伯陶的「瓜廬文賸」，「瓜廬詩賸」，蘇選樓編輯的「宋臺秋唱」，都給我們保存了不少有關宋王臺的史料。

陳伯陶等人發起修理宋王臺，是一九一五年，即乙卯年，也就是袁世凱發昏異想做皇帝的那一年。宋王臺的石牆和小亭是由福建人李瑞琴出錢修理的，陳伯陶有一篇「九龍宋王臺麓新築石垣記」記敘此事，載在「瓜廬文賸」中。記云：

「九龍爲海船往來孔道，東逕鯉門，南擘香港，東巒抱其西，叠嶂倚其北，而其中有土戴石，嵬然下瞰海壖者，則摩巖石刻曰宋王臺。予以壬子夏五，養痾九龍，暇日登眺，退而考諸史乘，乃知斯地爲古官富場，而臺則宋益王昰於福州登極後，與弟衛王昺汎海南奔駐蹕之所也。（中略）乃至今日而荒烟蔓草，樵童漁叟躋躡於其間，漠然惟見潮汐之澎湃與崖石之嶢屹，蓋相去已七百七十餘年矣。微石刻又孰知爲宋二王之遺躅乎。李君瑞琴慮古蹟之遂湮也，乃周臺之麓，緣以石垣，復築亭石坡上，俾供遊賞，而屬予爲之記。予謂新安縣志稱，臺南北帝廟爲宋行宮舊址，今廟右村名二王殿，以此證之，其說蓋信。縣志又云，臺後山有宋楊太妃女晉國公主墓。公主溺死，鑄金身以葬，俗呼曰金夫人墓，故老云少時墓石猶存，今毁。又臺之西北，有楊侯王廟，相傳爲宋末忠臣，不知名。余考之史，知即爲楊太妃弟亮節。是皆宜爲摩崖書石，俾與茲臺並傳。李君曰善，因並志之，以諗來者。時乙卯夏五月，九龍真逸記」。

當年用石欄圍繞的宋王臺巨石。

The original huge stone of Sung-Wang-Tai.

這篇題記曾經刻石，現在也一起毁壞了。陳伯陶又寫過一首「宋王臺懷古」七古，詩做得並不好，倒是詩序對於宋王臺的歷史和九龍古稱官富場的沿革頗有一點考證，茲錄於下：

「九龍古官富場地，明初置巡司，嘉慶間總督百齡築砦，改名九龍。道光間復改官富場巡司爲九龍巡司，而官富場之名遂隱。其地東南有小山瞰海，上有巨石，刻曰宋王臺。（中略）一統志稱宋行宮三十餘所，可考者四，其一爲官富場。廣州府志則云殿址猶存，今惟壆山最著。茲地改稱九龍，世罕有知之者矣。余登眺之暇，因爲考證諸書，以著其實。石刻舊稱宋王，以史稱二王而然，茲正之曰宋皇臺，使後之人無惑焉爾」。

陳伯陶對於王皇兩字看得這樣的認真，正是遺老的懷抱。因此「宋臺秋唱」集裏都被寫作「宋皇臺」，正是實踐他的主張。「宋臺秋唱」集卷首還有一幅南海伍德彝畫的「宋皇臺秋唱圖」，點綴這班遺老們當年在宋王臺上詩酒流連的盛況。

一九四三年日軍將宋王臺巨石炸毀，滾落山脚（上圖），下圖是該石的正面，宋王臺字蹟猶存。

In 1943 the Japanese army bombed Sung-Wang-Tai, the huge stone was split up and rolling down from the hill. Seen in the lower picture are words carved on the huge stone.

九龍的宋王臺，可說是香港最有名的一處古蹟，自宋末至現在，已歷六百餘年，一向被好好的保存着，供人遊覽。約在五十多年以前，曾有人向香港政府建議要開採宋王臺的山石，居民聞訊反對，並由當時的香港立法局議員何啓先生在立法局會議席上提議，通過了一件議案，明令禁止將宋王臺及其附近若干地段作建築或其他用途，並立碑爲示。（此事曾見諾頓凱希氏的「香港法例法院史」[Norton-Kyshe: The History of The Laws and Courts of Hongkong 1898]

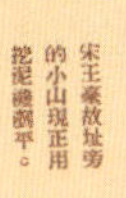

宋王臺故址旁的小山現正用挖泥機剷平。

The surrounding hills of Sung-Wang-Tai are being levelled with the ground.

攝於 1920 年代的聖山及宋皇臺巨石舊照，背景為獅子山，圖右可見九龍城的啟德濱民房。

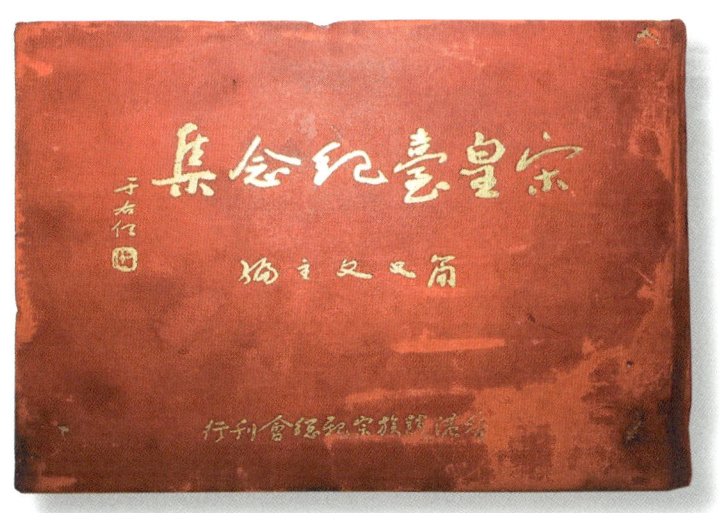

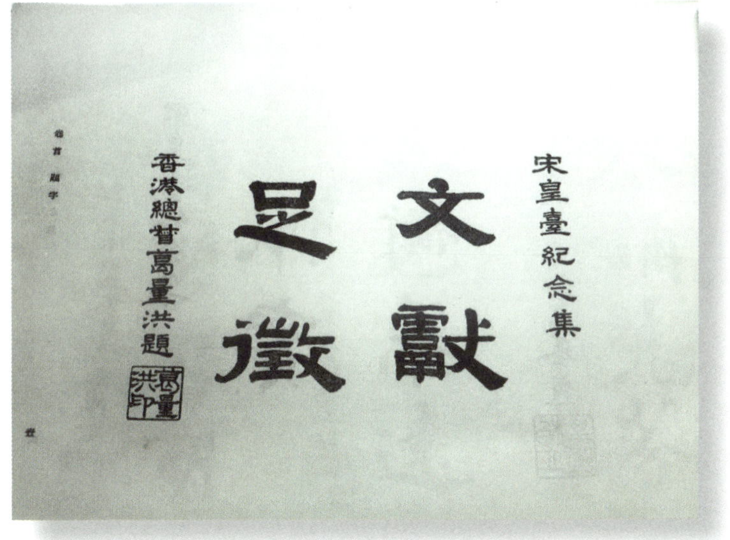

1960 年 3 月，史學家簡又文教授主編的《宋皇臺紀念集》出版，其中刊有葉靈鳳以筆名葉林豐撰寫的〈港九的南宋史蹟〉文章。圖下為第 22 任香港總督葛量洪爵士為《宋皇臺紀念集》題「文獻足徵」。

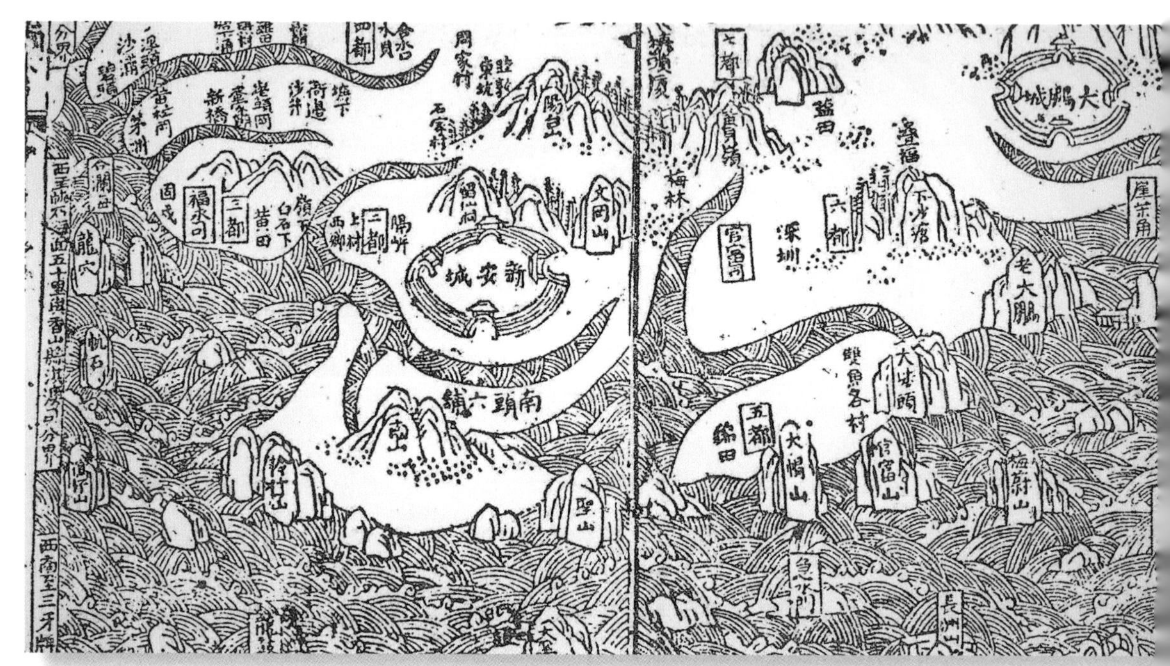

葉靈鳳所收藏的孤本《新安縣志》其內頁「新安縣沿海圖」，為清嘉慶二十四年（公元 1819 年）重修之木刻本，稀有珍貴。1975 年 11 月 23 日葉靈鳳因病過世後，他的夫人趙克臻根據他的遺願，於 1980 年將縣志贈與廣東省中山圖書館收藏。

在日佔期間被破壞後的「宋王臺」刻石，攝於 1955 年。

圖為 1900 年代初稀有的以木製成的塗彩聖山明信片。1899 年香港政府頒布「保存宋王臺條例」，禁止於聖山範圍採石，及後聖山加建牌樓、石垣。

圖左是宋端宗趙昰（1269－1278），南宋第八位皇帝，在位三年，得年十虛歲，廟號端宗，曾被封為建國公、吉王、益王等。圖右是宋帝昺（1272－1279），南宋末帝，先後封為永國公、信王、廣王等。1279年，丞相陸秀夫背着趙昺在崖門海域跳海殉國，南宋正式滅亡。兩帝御容出自《趙氏族譜》彩色石印本，1937年8月印製。

1916 年，前清探花陳伯陶、清朝遺民賴際熙、汪兆鏞、蘇澤東等十餘人，齊集宋王臺以詩詞紀念先賢，憑弔宋末史蹟，並懷緬清室，後由蘇澤東編輯《宋臺秋唱》，內刊有「宋王臺秋唱圖」。

英國侵略港九史話

葉靈鳳以筆名「霜崖」編著《香江舊事》，由香港益羣出版社於1968年1月出版，本書的封面連封底印有1890年代的龍津石橋、接官亭及九龍寨城等富有古蹟的景物，全書161頁，32開本，每冊港幣2元9角。由作者的一篇「序香江舊事」開始，共編有35篇不同主題的香港掌故及史實文章，主要揭發英國殖民主義者的真正面目，以及香港接受殖民管治的真相。葉靈鳳於香港發生六七暴動前，已計劃出版一本香港遭受英國殖民管治的書籍，書名為《英國侵略港九史話》，最後改以《香江舊事》為新書的名字，作者署名「霜崖」，於1967年11月撰好序言，找來益羣出版社於翌年1月出版。

序言失了蹤

葉靈鳳在1968年2月日記中寫有「《香江舊事》出版。原名《英國侵略港九史話》，後改今名」。據《葉靈鳳日記》小思的箋指出「原名犯忌，想是出版者益群改名出版。據羅琅口述（2014年8月22日）:「為方便向南洋外銷出版書刊，上海書局有多間不同名出版社，益群出版社即其中一家，在香港並無向華民政務司署登記註冊。」

霜崖的開首序言中提到：「本來，這許多年以來，我一直在留意鴉片戰爭歷史和香港百年來淪為殖民地的過程，過去的一些有關這些課題的出版物，差不多都涉獵過了。但是這一次，我更將注意力集中在揭發英國殖民主義者的醜惡面目和在這裏歷年所犯下的罪行。……通過這個集子，我希望能使大家明白當年的英國殖民主義者如何處心積慮的侵佔香港九龍和所謂『新界』的經過，以及百多年來他們在這裏壓迫剝削我們同胞的罪行。」

自 1968 年 1 月葉靈鳳的《香江舊事》初版新書出版後，受到本地及海外的讀者歡迎，銷量甚高，三年內由初版發行至 1971 年 3 月的第四版 [1]，但期間益群出版社不斷收到外界多方面對序的迴響，直至 1974 年 9 月《香江舊事》第五版（誤印為第四版）之後，這篇序言不再出現。

三不管的九龍寨城

葉靈鳳於 1938 年踏足香港，在其留港 30 年以靈銳觸覺及尋求史實的態度，完成了《香江舊事》名著，一本了解英國殖民主義者如何處心積慮的侵佔香港、九龍和新界經過的掌故書籍。《香江舊事》於 1968 年 1 月初次出版，作者署名為霜崖，他在書中的一

1 《香江舊事》版本次序：1968 年 1 月初版，1968 年 3 月二版，1969 年 3 月三版，1971 年 3 月四版，1974 年 9 月五版（誤印四版）。

篇〈九龍寨城的主權問題〉，見解獨特，觀點鮮明，詳盡地記述中英雙方就九龍寨城的管治問題作出深道的分析及研究。丁新豹教授在《香港的失落》導讀中表示：「葉氏在〈九龍城寨的主權問題〉一文裏，相當詳細的記述了中英雙方就九龍寨城的管治權的角力。記憶中，這是有關此一問題較早的一篇。」中英雙方於 1898 年簽定的《展拓香港界址專條》，葉靈鳳已很早指出魔鬼藏在細節裏，最後導致九龍寨城成為三不管的圍城。

1842 年 8 月 29 日中英簽訂不平等的《南京條約》，香港自此正式割讓予英國。1898 年 6 月 9 日，英國強迫清朝政府再簽定《展拓香港界址專條》，簽署者為清政府總理衙門大臣李鴻章及英國駐華公使竇納樂（Claude Maxwell MacDonald）。按條約將九龍半島北部即界限街以北至深圳河以南，大嶼山與香港附近 200 多個離島，但不包括九龍寨城，作為新租之地，稱為「新界」，租借予英國，期限為 99 年，直至 1997 年 6 月 30 日為止。中國官員仍可駐守九龍寨城，而龍津石橋則留與中國官民使用，並議定「中國兵商各船、渡艇任便往來停泊，且便城內官民任便行」。但在中英簽定的《展拓香港界址專條》中，細節裏特別附有一則九龍寨城的條文：「所有九龍城內駐紮之中國官員，仍可在城內各司其職，惟不得與保衛香港之武備有所妨礙。」（原文：It is at the same time agreed that within the city of Kowloon the Chinese officials now stationed there shall continue to exercise jurisdiction except so far as may be inconsistent with the military requirements for the defence of Hong Kong.）。

1899 年 4 月，英方進佔「新界」，期間軍警遇到大埔一帶鄉民武力抵抗，英政府認為事件與寨城內的官員有關，英方根據界址專條中的「惟不得與保衛香港之武備有所妨礙」作為藉口，於同年 5 月 16 日英國強進寨城，並在完全沒有任何反抗下把清官員驅逐，入侵的英軍在城寨內升起英國國旗，並鳴放禮炮二十一響，以慶祝入侵勝利。正如葉靈鳳所言：「這種片面的行為，雖然遭受當時滿清的抗議，但是港英並不理會，從此『九龍寨城』的主權問題，在港英的眼中，就有了新的『解釋』了。」最後，九龍城寨出現「港府不敢管，英方不想管，中方不去管」的三不管局面，令該處成為黃、賭、毒的的罪惡淵牀。直至 1987 年，中國與英國政府達成清拆寨城的協議，九龍寨城於 1987 年和 1989 年分兩期進行調遷，1994 年九龍寨城正式清拆，遺址於 1995 年 8 月改建成九龍寨城公園，三不管這圍城終劃上句號。

葉靈鳳以筆名霜崖編著《香江舊事》，原名為《英國侵略港九史話》，於 1968 年 1 月初版發行，香港益群出版社出版，新華印刷股份公司承印。

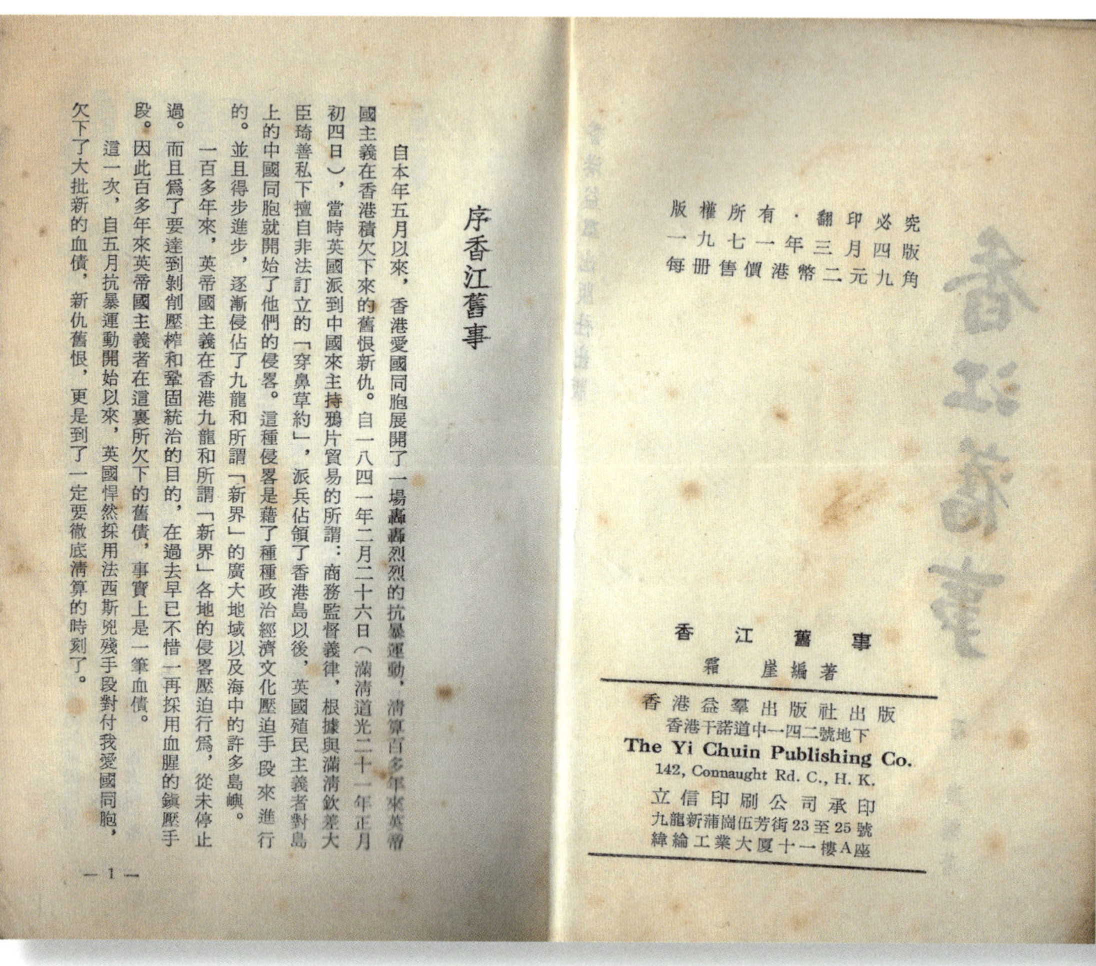

版權所有・翻印必究
一九七一年三月四版
每冊售價港幣二元九角

香江舊事
霜崖編著

香港益羣出版社出版
香港干諾道中一四二號地下
The Yi Chuin Publishing Co.
142, Connaught Rd. C., H. K.
立信印刷公司承印
九龍新蒲崗伍芳街23至25號
緯綸工業大廈十一樓A座

序香江舊事

自本年五月以來，香港愛國同胞展開了一場轟轟烈烈的抗暴運動，清算百多年來英帝國主義在香港積欠下來的舊恨新仇。自一八四一年二月二十六日（滿清道光二十一年正月初四日），當時英國派到中國來主持鴉片貿易的所謂：商務監督義律，根據與滿清欽差大臣琦善私下擅自非法訂立的「穿鼻草約」，派兵佔領了香港島以後，英國殖民主義者對島上的中國同胞就開始了他們的侵畧。這種侵畧是藉了種種政治經濟文化壓迫手段來進行的。並且得步進步，逐漸侵佔了九龍和所謂「新界」的廣大地域以及海中的許多島嶼。

一百多年來，英帝國主義在香港九龍和所謂「新界」各地的侵畧壓迫行爲，從未停止過。而且爲了要達到剝削壓榨和鞏固統治的目的，在過去早已不惜一再採用血腥的鎮壓手段。因此百多年來英帝國主義者在這裏所欠下的舊債，事實上是一筆血債。

這一次，自五月抗暴運動開始以來，英國悍然採用法西斯兇殘手段對付我愛國同胞，欠下了大批新的血債，新仇舊恨，更是到了一定要徹底清算的時刻了。

— 1 —

《香江舊事》由 1968 年 1 月初版發行至 1971 年 3 月四版，每版都有共兩頁的〈序香江舊事〉。

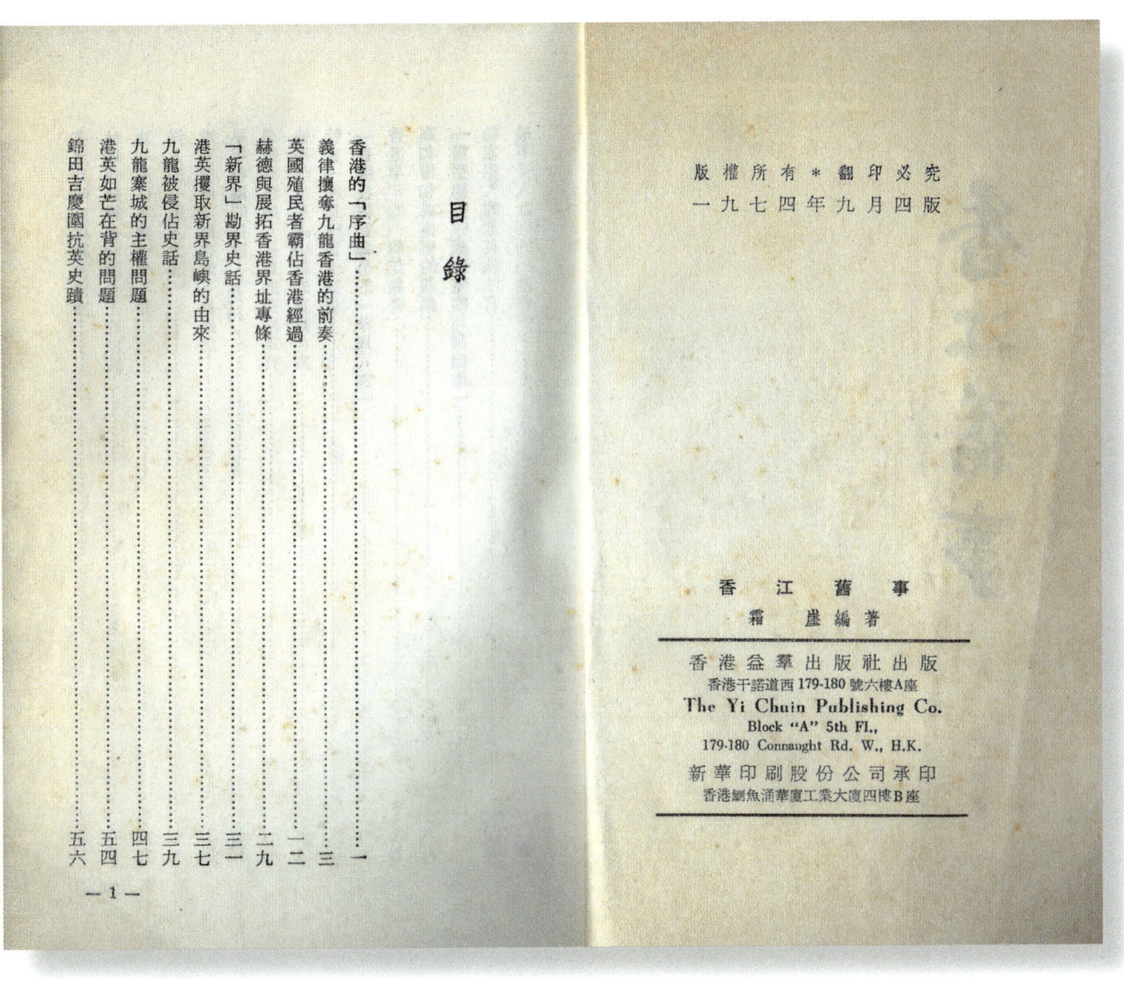

版權所有＊翻印必究
一九七四年九月四版

香江舊事
霜崖編著

香港益羣出版社出版
香港干諾道西179-180號六樓A座
The Yi Chuin Publishing Co.
Block "A" 5th Fl.,
179-180 Connaught Rd. W., H.K.
新華印刷股份公司承印
香港鰂魚涌華廈工業大廈四樓B座

目錄

—1—

《香江舊事》發行至 1974 年 9 月五版（誤印為四版），已看不到霜崖撰的〈序香江舊事〉。

擅送香港的琦善

霜崖

香港成為今日的香港，並非由於鴉片戰爭和南京條約。南京條約的簽字，不過承認既成事實，補行一種官樣文章而已。在鴉片戰爭開始之際，英國海軍早已用這座小島作據點。而在他們方面來說，這行動倒是有所根據的，至少是在口頭上已經獲得一位滿清代表官員的允許。這人不是別個，就是林則徐的繼任者琦善。

他是道光特派南來處理海口事件的欽差大臣，還兼任兩廣總督。林則徐的去職，就是由他在直隸總督任上在皇帝面前壞說鬧出來的，因此他成了林則徐的繼任者。

他認為林則徐操之過急，不諳夷情，以致他們要到北京去訴苦，驚動了皇帝。因此他到了廣東以後，就在「撫」字上做工夫，以為英國人不過想做生意，燒了他們的鴉片，賠一點錢，再答應恢復貿易，就根本沒有什麼大問題了。

於是他首先就同英國商務監督義律打交情，這正是林則徐懸了巨賞要生擒的人，可是這時林則徐早已被「革職留粵備查問」了。他知道琦善同義律在虎門歡宴的情形後，便在日記（道光二十一年正月初五日）上這麼寫道：

「聞是日琦爵相在獅子洋邊之蓮花亭大宴義律，已到唊夷兵頭十八人，番通事二人，夷寔二人，並佛蘭西夷三人，隨帶夷兵五十六人，樂工十六人鼓吹而來，與爵相相見，遂設滿漢四席、唊夷上座，署廣州府余保純，廣州協趙承德於東西末座陪宴，夷兵及樂工給熟食，水手等給羊酒，食畢，該夷等俱至爵相帳前稱謝，乃忽大演槍砲，繼以鼓吹，始登舟去。義律與馬禮遜至爵相舟中私語移時，有明日再議之約」。

就是在這次宴會上，義律提出要借用香港這地方為修船晒貨之用，琦善一口就答應了，並說替他向皇帝去「乞恩」。總之是不要以兵戎相見，撤退那時已經佔領的舟山定海等地方，什麼事都好說。當時義律以口說無憑，要雙方有書面擔保，就簽下了簡單的條約。這就是英國與滿清交涉史上有名的「穿鼻草約」。

後來琦善真的為義律向皇帝去「乞恩」，求將香港地方賞賜與伊等，並說明自己已經口頭上答應他們在先。他以為皇帝一定會答應的，不料這時道光因了「夷情反覆」，又改變了計劃，「決意痛剿」，於是琦善便碰了大釘子。據林則徐在同年二月二十日的日記上說：

「有旨到粵，琦靜庵以擅許唊夷香港地方，革職鎖拿，交英菊人都統押解入京，並抄產入官……」。

儘是如此，可是義律已有「穿鼻草約」在手，振振有辭，香港之事就這麼成了定局了。（讀林則徐日記之四）

自己的變法事業，而與 譚老感慨萬分的說 政治主張中都存在缺點 帶着甜食團團圍坐在這 時候便露出頗似約首子

1962 年 11 月 2 日，《新晚報》副刊《霜紅室隨筆》專欄，作者霜崖寫〈擅送香港的琦善〉。

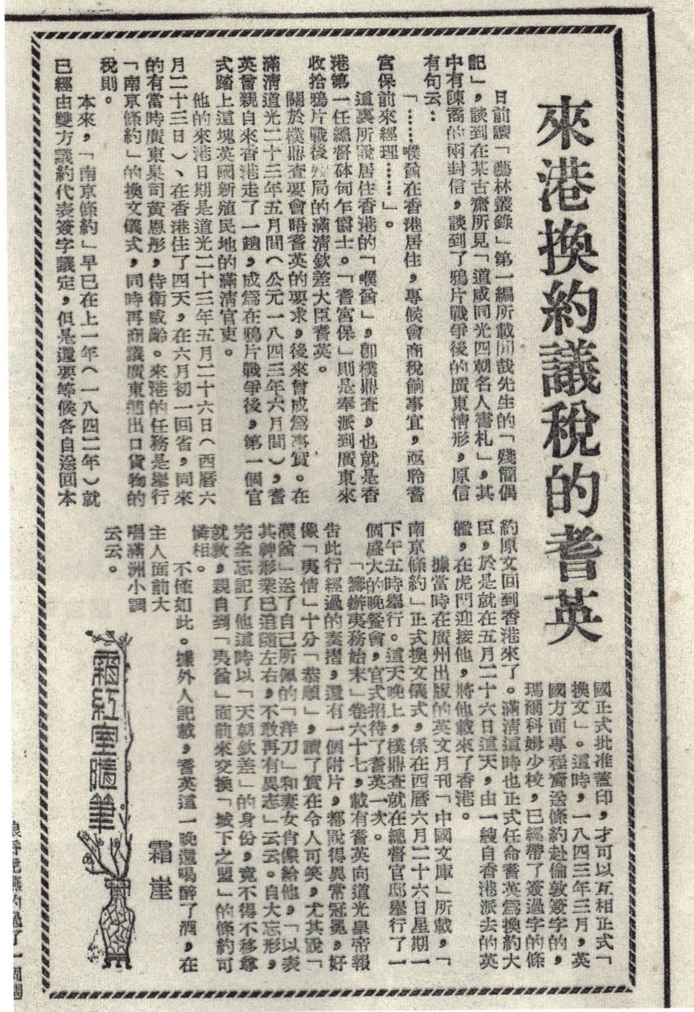

一九六二年四月十二日

來港換約議稅的耆英

日前讀「藝林叢錄」第一編所載閒哉先生的「幾箇偶記」，談到在某古齋所見「道咸同光四朝名人書札」，其中有陳喬的兩封信，談到了鴉片戰爭後的廣東情形，原信有句云：

「……噗畚在香港居住，專候會商稅餉事宜，並聆耆宮保前來經理……」。

這裏所說居住香港的「噗畚」，即樸鼎查，也就是香港第一任總督砵甸乍爵士。「耆宮保」則是奉派到廣東來收拾鴉片戰後殘局的滿清欽差大臣耆英。

關於樸鼎查要會晤耆英的要求，後來曾成爲事實。在滿清道光二十三年五月間（公元一八四三年六月間），耆英曾親自來香港走了一趟，成爲在鴉片戰爭後，第一個官式踏上這塊英國新殖民地的滿清官吏。

他的來港日期是道光二十三年五月二十六日（西曆六月二十三日）、在香港住了四天，在六月初一回省，同來的有當時廣東臬司黃恩彤，侍衛咸齡。來港的任務是舉行「南京條約」的換文儀式，同時再商議廣東進出口貨物的稅則。

本來，「南京條約」早已在上一年（一八四二年）就已經由雙方議約代表簽字議定，但是還要等候各自送回本國正式批准蓋印，才可以互相正式「換文」。這時，一八四三年三月，英國方面專程齎送條約赴倫敦簽字的，瑪爾科姆少校，已經帶了簽過字的條約原文回到香港來了。滿清這時也正式任命耆英爲換約大臣，於是就在五月二十六日這天，由一艘自香港派去的英艦，在虎門迎接他，將他載來了香港。

據當時在廣州出版的英文月刊「中國文庫」所載，「南京條約」正式換文儀式，係在西曆六月二十六日星期一下午五時舉行。這天晚上，樸鼎查就在總督官邸舉行了一個盛大的晚餐會，官式招待了耆英一次。

「籌辦夷務始末」卷六十七，載有耆英向道光皇帝報告此行經過的奏摺，還有一個附片，都說得異常冠冕，好像「夷情」十分「恭順」，讀了實在令人可笑，尤其說「濮畚」送了自己所佩的「洋刀」和妻女肖像給他，「以表其神形業已追隨左右，不敢再有異志」云云。自大忘形，完全忘記了他這時以「天朝欽差」的身份，竟不得不移尊就教，親自到「夷畚」面前來交換「城下之盟」的條約可憐相。

不僅如此。據外人記載，耆英這一晚還喝醉了酒，在主人面前大唱滿洲小調云云。

霜紅室隨筆

霜崖

1962 年 4 月 12 日，《新晚報》副刊《霜紅室隨筆》專欄，作者霜崖寫〈來港換約議稅的耆英〉。

1899 年當駐軍撤離九龍寨城後，三進四廂設計的衙門曾被用作多種慈善用途，其中包括收容及照顧貧苦無依老人的窮人院、義學、診所、寡婦和孤兒收容所等等。圖為 1900 年代的廣蔭院（即窮人院），入口上方位置除寫有廣蔭院三個大字外，還刻有 ALMSHOUSE 字樣，至今仍在。

1920 年代九龍寨城一帶民房，小山丘為白鶴山，現為香港華人基督教聯會華人基督教永遠墳場。白鶴山昔日是九龍半島其中一個採石的地方，九龍寨城的城牆部分出自白鶴山的石材建造。白鶴山山頂上有一巨石，相傳宋少帝逃難到九龍城期間，曾在白鶴山行朝以這塊大石為御座，後人稱此為「交椅石」。

中國儒家文化的鼻祖是孔子和孟子，分別來自春秋時期的魯國和鄒國，因此後人就用「鄒魯」來指代文化禮儀發達的地區。圖為九龍寨城內的魁星閣（左）及龍津義學對面之照壁。魁星是文人的守護神，而義學照壁漆有「海濱鄒魯」四字，寓意此學堂瀕海一隅，為文化昌盛之地方。

最後出版的書籍

葉靈鳳自 1938 年從內地來港，直至 1975 年辭世，在香港渡過了漫長而充實的 37 個春秋，他生平喜歡買書、看書、著書、說書、藏書等，對上世紀三十至七十年代的香港文學、方物及歷史研究，留下許多付出及貢獻，而他於 1975 年 11 月 23 日病逝，終年 71 歲。

根據 1975 年 11 月 27 日《明報》刊出的一篇三蘇（原名高雄）的悼文〈悼葉靈鳳先生〉，以悼念他亦師亦友的葉靈鳳先生，部分內容如下：

「……他住的整座房子都是他的書房，他的睡房地上也堆滿了書，甚至他子女的房間，也是他的『藏書殖民地』。我不知道他究竟有多少藏書，不過每當我看到他的大書桌上堆滿了新書舊書，圍成一個城堡一樣，而這城堡的書又不時變換，我才想到這樣才算是一個讀書人。許多人買書藏書而不讀書，讀一部分的已經不錯，可是葉老卻真的做到手不釋卷的地步。因此這幾年來他的眼睛患了白內障而致連用放大鏡也不能看書的期間，我想是他一生中最痛苦的時候了。

他有一件心事至今未了。他要寫一本大小說:『黃河』。資料已經蒐集了過十年,至今大抵未成一字,這是他一輩子的心願,現在他是無法實現了。『未到黃河心不死』,葉老在泉下有知,惟一抱憾的恐怕就只有這一樁事吧?」

至於葉靈鳳最後出版的書籍,大多數人認為是1970年11月由香港上海書局出版的《晚晴雜記》,但根據葉靈鳳的日記,清楚記載着《故事的花束》於1974年3月由萬葉出版社出版[1],才是他最後出版的書籍。筆者早前在一個舊書拍賣網看到這部稀見珍本,縱使售價不菲也要購它回家。葉靈鳳遺作《故事的花束》的發現,將以前誤以為是《晚晴雜記》還延後三年有多!可惜的是這本《故事的花束》只是一部中譯本,不是他心願要寫的一本大小說「黃河」。

《故事的花束》

葉靈鳳翻譯的《故事的花束》,開本小於32開,是一部口袋本,軟皮精裝,易於攜帶及閱讀。它的封面設計,主要以白底配以橙色,黑色字體。全書共179頁,繁體豎排,是萬葉出版社的《南斗叢書》之一,其餘的九種叢書包括舒巷城的《燈下拾零》(1974)、柳岸的《海隅雜記》(1974)、沈逸文譯《黎明:泰國短篇小說選》

1 引自葉靈鳳於1974年3月19日的日記:「中敏來電話,謂《故事的花束》已出版,有十冊書送到她處。」

(1974)、蕭銅的《馬路集》(1974)、阮朗的《泥海泛濫》(1974)、黃蒙田的《山水人物集》(1974)、陶融的《書與橋》(1974)、龍韻的《閑步集》(1974)、夏果的《石魚集》(1975)。[2]

葉靈鳳曾精心翻譯印度、非洲、波斯等故事選集，目次有《印度古經優波尼沙故事選》、《非洲故事選》、《阿卡巴爾逸聞故事選》、《瑪斯拉非故事選》、《故事的花束》和《百諧集小故事選》。筆者細閱這些譯本，包括阿卡巴爾逸聞的故事，從中領會了葉靈鳳的動機，藉着選譯這些故事來對香港社會的風氣及人心的趨向作出適當的反應。阿卡巴爾是印度十六世紀蒙古帝國的大君，他以機智詼諧著名，他的手下大臣比爾巴更是一個通達人情世故的哲人，君臣之間留下了許多有趣的逸聞故事，膾炙人口，在印度十分流行。現將葉靈鳳選譯的兩個阿卡巴爾的故事，分享給讀者：

真實和謊言的距離

「比爾巴。」有一天，阿卡巴爾王對他說，「我要你告訴我，真實和謊言之間的距離，共有多少？」

「陛下，距離只有四寸。」比爾巴毫不遲疑的回答。

「這話怎麼說？」阿卡巴爾王向他問。

「陛下，這是由於我們用眼睛看事，用耳朵聽話。眼睛所見的總是真實的，耳朵所聽的卻有時是謊話。眼與耳之間的距離有四寸，因此我認為真實與謊言之間的距離也就是這四寸。」

---

2 引自葉靈鳳於 1974 年 1 月 18 日的日記：「今日萬葉出版社已在《文匯報》刊出《南斗叢書》出版預告，除我的《故事的花束》外，另有其他九種，大約十種為一輯，紙價太貴，不知能維持否。

阿卡巴爾王聽了大笑，認為比爾巴的回答有趣而又機智。

歌唱與自由

阿卡巴爾王的朝中有一個著名出色的歌唱家，名叫丹森。有一天，阿卡巴爾王被丹森的歌喉所傾倒了，忍不住對他說：「丹森，你真了不起，可說是世上最偉大的歌唱家。」

「陛下，並非如此，」丹森回答，「世上還有一個比我唱得更好的，那就是我的老師斯瓦密。」

「這不過是你自己的謙遜，」阿卡巴爾王說：「除非我能夠親耳聽過你老師的唱歌，否則我不相信。你叫他來唱給我聽。」

「陛下，」丹森回答道：「我老師的脾氣不同，他只有自己高興要唱的時候才肯唱。陛下如果要想聽他的唱歌，可不能以皇上的身分命令他唱。你要化裝前去才可以。」

阿卡巴爾王答應了。因此當丹森前去拜訪他的老師時，阿卡巴爾王就化裝成丹森的僕人，跟了他前去。

可是，當丹森見了他的老師，要求他唱一曲時，斯瓦密拒絕了，他說：「我今天不想唱歌。改一天再唱罷，今天不想唱。」

丹森同阿卡巴爾王交換了一下眼色。阿卡巴爾王滿臉失望。於是丹森心裏靈機一動，他開始唱起斯瓦密傳授他的最得意的一首歌曲，卻故意將音調唱走了一點。

斯瓦密一聽，不覺眉頭一皺，這麼表示道：「甚麼，你竟將這首歌唱成這樣！看來一個人是不能做官的。你聽好，我唱給你聽！」

於是斯瓦密立時就放聲高唱，痛快淋漓，聽得站在一旁的阿卡巴爾王滿心歡喜。他果然從來不曾聽過這樣的好歌。

當他們兩人告辭出來的時候，阿卡巴爾王忍不住向丹森問：「這是怎樣一回事，你果然比不上你老師？」

「陛下，這事很簡單，」丹森鼓起勇氣回答阿卡巴爾王道：「我老師是自由之身，他要自己高興唱的時候才唱。我則是陛下的奴隸，只要陛下有旨，我隨時要唱。」

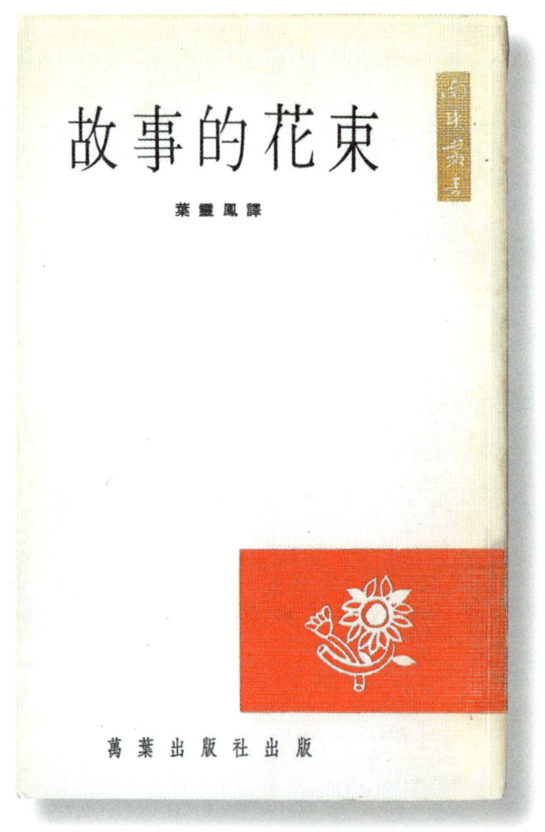

1974年3月，葉靈鳳最後出版的書籍《故事的花束》，由萬葉出版社出版。

悼葉靈鳳先生

三蘇

葉靈鳳先生不幸逝世，雖然我只是爲他而悲痛的衆多親友中的一個，但是我有自己的感受。每個人的感受是不同的。因此在去參加他的喪禮之前，寫下這篇小文，悼念一個亦師亦友的老先生，不僅表示我對葉老的一份尊敬的至意，亦聊以紀念我與葉老之間過去的情誼。

認識葉老恰在三十年前，我們曾經有過一段短期間的艱苦日子，其中也有苦中作樂的日子。他的健談，他的學問，他的幽默，以及他的誨人不倦，都使我永遠不忘，迄今猶在目前。

我不想，也無意，而且沒有資格批評葉老，不過對於他的治學精神，至今敬佩不已。葉老是一個標準的讀書人，也可以說是純粹的讀書人，也許在某一種角度來看，他是一個尚嫌舊式的讀書人，也即是說，是個消極的讀書人。他爲讀書而讀書，讀書本身就是他讀書的目的。我認識讀書與愛書的人不少，但很少像葉老那樣，把全部生活投入讀書之中，把讀書當作他生活的全部的。他不抽烟、不打牌、不跳舞、不泡茶館、不聽收音機、不看電視，甚至很少聽音樂，偶然看看電影戲劇，也是極少極少。他愛美術，曾經學過畫，但不成功，因之只是一個對美術方面很有研究而不是畫家的人，唯一的嗜好，還是書，他愛書，以及與書有關的東西。

香港有不少人喜歡買書藏書，擁有一個四壁書櫥的大書房。葉老的書房並不會比他們大，更不會比他們整潔，他的書房就是客廳。講得更確實一點，他住的整座房子都是他的書房，他的睡房地上也堆滿了書，甚至他子女的房間，也是他的「藏書殖民地」。我不知道他究竟有多少藏書，不過每當我看到他的大書桌上堆滿了新書舊書，圍成一個城堡一樣，而這城堡的書又不時變換，我才想到這樣才算是一個讀書人。許多人買書藏書而不讀書，讀一部份的已經不錯，可是葉老却眞的做到手不釋卷的地步。因此，這幾年來他的眼睛患了白內障而致連用放大鏡也不能看書的期間，我想是他一生中最痛苦的時候了。

他有一件心事至今未了。他要寫一本大小說：「黃河」。資料已經搜集了過十年，至今大抵未成一字，這是他一輩子的心願，現在他是無法實現了。「未到黃河心不死」，葉老在泉下有知，惟一抱憾的恐怕就只有這一樁事吧？

1975 年 11 月 27 日，三蘇（原名高雄）於《明報》發表的一篇悼文〈悼葉靈鳳先生〉，以哀悼亦師亦友的葉靈鳳。

葉靈鳳翻譯的《故事的花束》，是萬葉出版社《南斗叢書》之一。

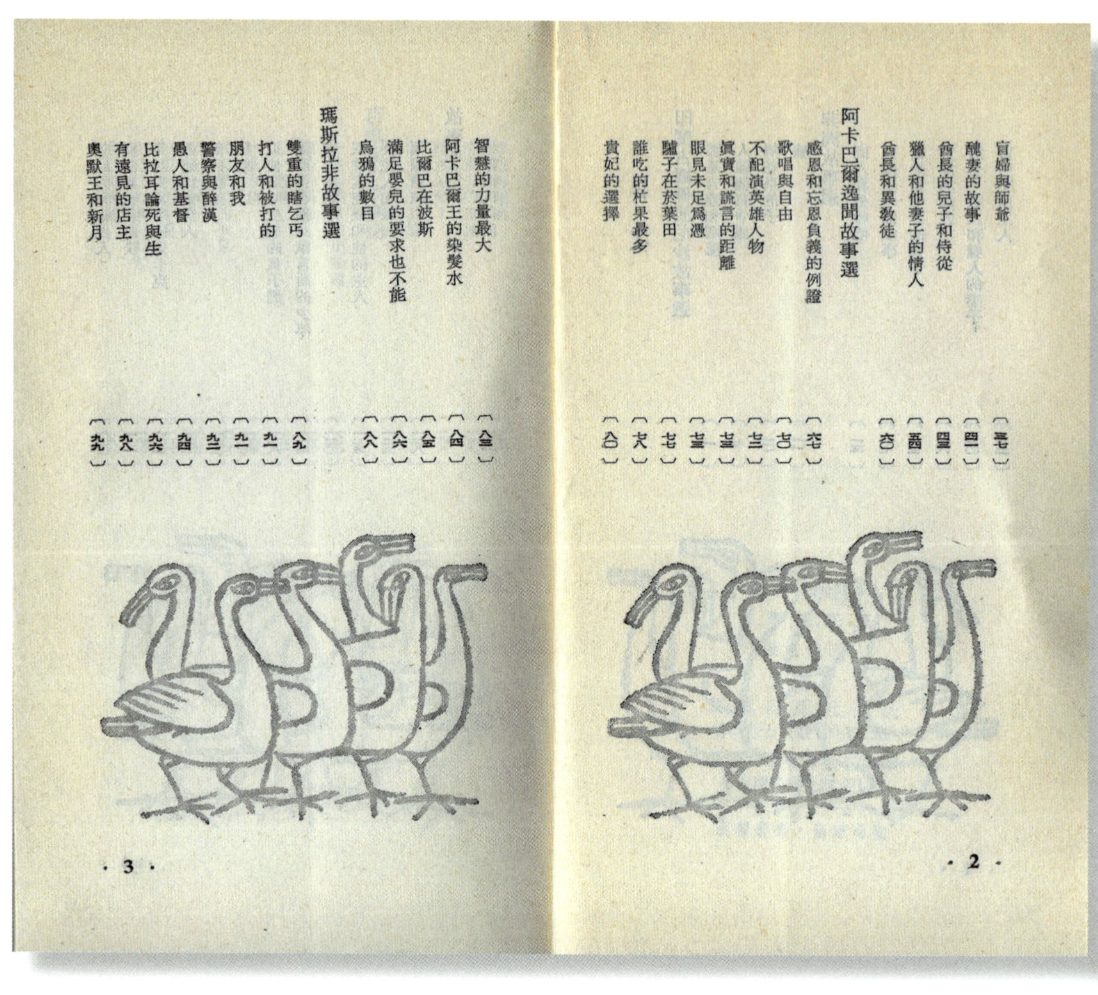
盲婦與師爺（一三七）
醜妻的故事（一四一）
酋長的兒子和侍從（一四三）
獵人和他妻子的情人（一五四）
酋長和異教徒（一六○）

阿卡巴爾逸聞故事選

感恩和忘恩負義的例證（一六七）
歌唱與自由（一七○）
不配演英雄人物（一七三）
眞實和謊言的距離（一七五）
眼見未足爲憑（一七五）
驢子在菸葉田（一七七）
誰吃的杧果最多（一七八）
貴妃的選擇（一八○）

·2·

智慧的力量最大（一八三）
阿卡巴爾王的染髮水（一八四）
比爾巴在波斯（一八五）
滿足嬰兒的要求也不能（一八六）
烏鴉的數目（一八八）

瑪斯拉非故事選

雙重的瞎乞丐（一八九）
打人和被打的（一九一）
朋友和我（一九二）
警察與醉漢（一九三）
愚人和基督（一九四）
比拉耳論死與生（一九六）
有遠見的店主（一九八）
奧獸王和新月（一九九）

·3·

葉靈鳳最後出版的書籍《故事的花束》，故事選包括有〈阿卡巴爾逸聞故事選〉和〈瑪斯拉非故事選〉。

最後的作品

葉靈鳳最後的散文作品〈郭沫若早年在上海的住處〉，是於1974年5月9日受眼疾所困下完成，於翌月在《海洋文藝》雙月刊第一卷第二期《記憶的花束》發表。觸發葉靈鳳寫郭沫若（1892–1978）的契機，估計源於外國報紙有消息透露他病危，但未有根據。由於郭沫若已年過八十，甚少公開露面，或是臥病在牀，實令葉靈鳳掛念。根據小思老師策劃／箋及張詠梅注釋的《葉靈鳳日記》，由1974年5月7日至10日葉靈鳳在日記中紀錄了有關郭沫若（葉稱郭老）的消息如下：

【1974年5月7日 星期二】

本港外國報紙日來有消息謂郭老病危。未知有何根據。惟郭老郭（郭字衍）已年逾八十，近來甚少公開露面，或體弱臥病在牀亦未可知也。甚令人掛念。

【1974 年 5 月 8 日 星期三】

想寫稿未能下筆。《海洋》雙月刊催稿甚急。連日天氣回南潮濕，令人不快。

【1974 年 5 月 9 日星期四】

寫好〈郭老早年在上海的住處〉作《海洋》雙月刊所要用的稿，約一千二百字，只能概略言之。門牌號數已記不起了。

【1974 年 5 月 10 日 星期五】

日前本港外國報紙所載郭老的消息，我國報紙至今並無記載，可見必是無中生有的捏造消息。（郭沫若卒於 1978 年 6 月 12 日，則見葉氏判斷無誤。這是《葉靈鳳日記》最後一天記事。）

1975 年 11 月 23 日，葉靈鳳不幸病逝，終年 70 歲。適逢今年 2025 年是葉靈鳳的 120 歲周年誕辰，又是逝世 50 周年的日子，現將他的最後一篇作品〈郭沫若早年在上海的住處〉與讀者分享，來紀念這一位現代著名作家、畫家、掌故家、藏書家。

《記憶的花束》

——〈郭沫若早年在上海的住處〉葉靈鳳

我最初認識郭老，《創造周報》還未停刊，仍在由泰東書局出版。當時大約是一九二五年左右，我還在上海美專學畫，住在哈同路民厚南里叔父的家裏。這時郭老也住在民厚南里。

民厚里，後來改稱慈厚里，這一塊地皮很大，房屋很多，多數是一上一下的石庫門房屋。郭老所住的那一家和我叔父所住的相隔不很遠，可惜我現在已無法記得起那些門牌號數了。當時郭老好像還不曾結束他在日本的醫科考試，經常要到日本去。因此我第一次有機會見到郭老時，我對於當時創造社的其他兩位前輩，仿吾和達夫先生，早已見過多次了。

當時郭老在民厚南里所住的地方，他自己曾在早年所寫的文章裏一再描寫過。尤其是樓下牆上所掛的兩隻鏡框，一隻是一幅歌德的畫像，一隻是一幅悲多汶的畫像。他好像對這兩幅畫有過很詳細的描寫。

我就是在這間小客廳裏第一次會見他的。陪我同去的是周全平，郭老笑嘻嘻的從樓上跑了下來，背上還負着一個孩子。我這才知道給我們開門的乃是當時郭老筆下時常提起的安娜夫人。

當時新文學運動正在萌芽時代，泰東書局對創造社的出版物雖有稿費和編輯費的名目，但經常拖欠，口惠而實不至。因此郭老這時的生活十分清苦，許多家庭事務要親自操作。

郭老早年在上海的另一住處，是在當時法租界環龍路的一條弄堂內。我已經記不起那年份了，總之一定是在「一二八」之前，郭老在日本住了多年，忽然悄悄地全家回到上海，就在環龍路的這條弄堂裏住下來。房子雖然很小，但是鄰近法國公園，環境很幽靜。我那時仍在美專學畫，每天下午回家，總要先經過他那裏，給他將小小的客廳收拾一下。客廳的牆上掛着有兩幅許幸之臨摹的聖母家族像。

我這時已經很喜歡比亞斯萊的黑白裝飾畫，總是將自己偷師學習的小飾畫拿出來請郭老批評。他看了總是嘻嘻的笑，顯得有點高興。後來，受到他的鼓勵，當「洪水」半月刊創刊時，除了封面畫之外，我更畫了許多內文用的小飾畫。

在整個「三十」年代，郭老差不多被迫長期住在日本，直到「八一三」，他才可以回到上海。因此事實上，郭老早年在上海住的時間並不長，所住過的地方除了上述那兩處之外，當然還會有別的地方，那就只好留待日後再補充了。

至於「八一三」那年，郭老隻身回國，只在當時法租界金神父路等處租一間房暫住，而且一連搬過幾次，後來就悄悄的離開上海到了廣州。

1974 年 6 月，《海洋文藝》雙月刊第一卷第二期出版。圖為該期的封面，由橙、白及淺藍色作背影設計。

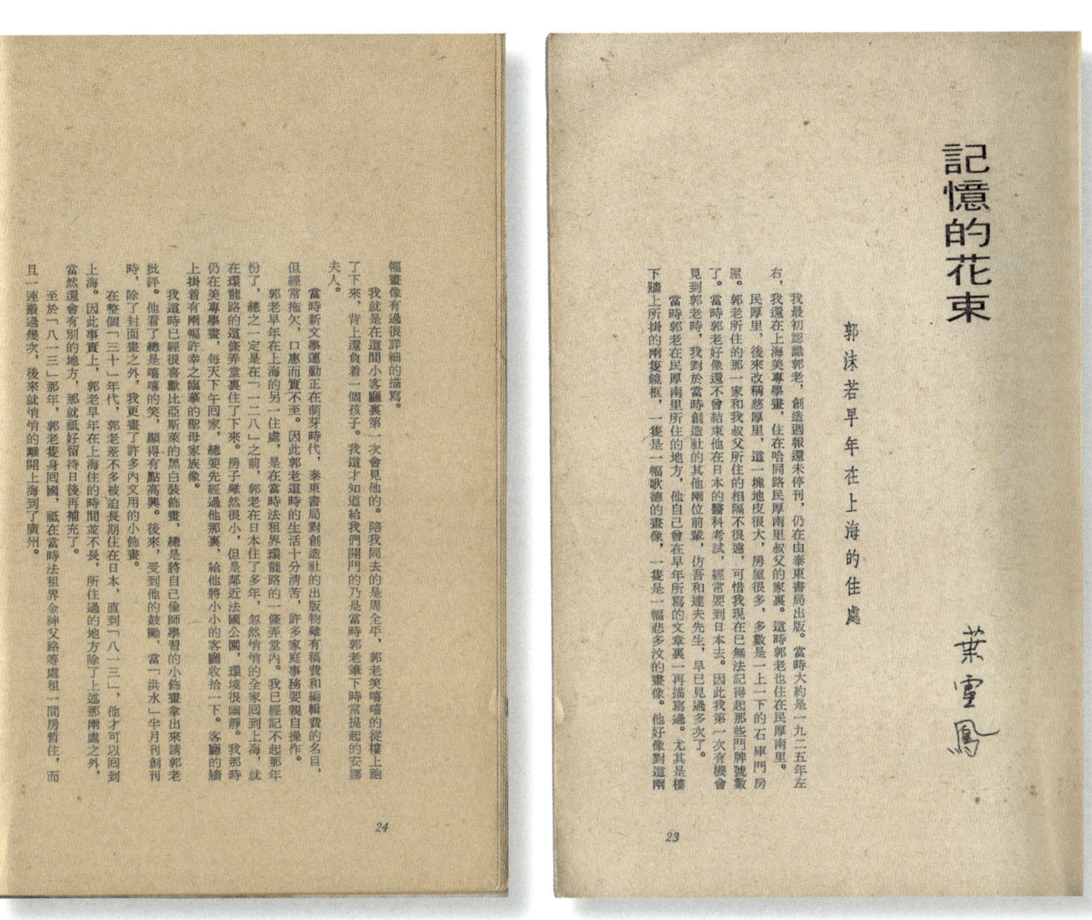

記憶的花束

郭沫若早年在上海的住處

葉靈鳳

我最初認識郭老，創造週報還未停刊，仍在由泰東書局出版。當時大約是一九二五年左右，我還在上海美專學畫，住在哈同路民厚南里叔父的家裏。這時郭老也住在民厚南里。民厚里，後來改稱慈厚里，這一塊地皮很大，房屋很多，多數是一上一下的石庫門房屋。郭老所住的那一家和我叔父所住的相隔不很遠，可惜我現在已無法記得起那些門牌號數了。當時郭老好像還不會結束他在日本的醫科考試，經常要到日本去。因此我第一次有機會見到郭老時，我對於當時創造社的其他兩位前輩，仿吾和達夫先生，早已見過多次了。

當時郭老在民厚南里所住的地方，他自己曾在早年所寫的文章裏一再描寫過。尤其是樓下牆上所掛的兩隻鏡框，一隻是一幅歌德的畫像，一隻是一幅悲多汶的畫像。他好像對這兩

23

幅畫像有過很詳細的描寫。

我就是在這間小客廳裏第一次會見他的。陪我同去的是周全平，郭老笑嘻嘻的從樓上跑了下來，背上還負着一個孩子。我這才知道給我們開門的乃是當時郭老筆下時常提起的安娜夫人。

當時新文學運動正在萌芽時代，泰東書局對創造社的出版物雖有稿費和編輯費的名目，但經常拖欠，口惠而實不至。因此郭老這時的生活十分淸苦，許多家庭事務要親自操作。

郭老早年在上海的另一住處，是在當時法租界環龍路的一條弄堂內。我已經記不起那年份了，總之一定是在「一二八」之前，郭老在日本住了多年，忽然悄悄的全家回到上海，就在環龍路的這條弄堂裏住了下來。房子雖然很小，但是鄰近法國公園，環境很幽靜。我那時仍在美專學畫，每天下午回家，總要先經過他那裏，給他將小小的客廳收拾一下。客廳的牆上掛着有兩幅許幸之臨摹的聖母家族像。

我這時已經很喜歡比亞斯萊的黑白裝飾畫，總是將自己像師學習的小飾畫拿出來請郭老批評。他看了總是嘻嘻的笑，顯得有點高興。後來，受到他的鼓勵，當「洪水」半月刊創刊時，除了封面畫之外，我更畫了許多內文用的小飾畫。

在整個「三十」年代，郭老差不多被迫長期住在日本，直到「八一三」，他才可以回到上海。因此事實上，郭老早年在上海住的時間並不長，所住過的地方除了上述那兩處之外，當然還會有別的地方，那就祗好留待日後再補充了。

至於「八一三」那年，郭老隻身回國，祗在當時法租界金神父路等處租一間房暫住，而且一連搬過幾次，後來就悄悄的離開上海到了廣州。

24

葉靈鳳受眼疾所困下完成的最後一篇散文〈郭沫若早年在上海的住處〉，於 1974 年 5 月 9 日在《海洋文藝》雙月刊第一卷第二期《記憶的花束》中發表。

藏書票回歸上海

2025 年 5 月 10 日，位於上海市虹口區武進路 455 號的巴金圖書館內，舉行了一場簡單而隆重的藏書票捐贈儀式，以紀念葉靈鳳先生誕辰 120 周年。上海市作家協會聯合巴金故居、巴金圖書館共同舉辦「回歸上海——葉靈鳳 120 周年誕辰紀念展」。這展覽最引人注目的，是一批歷經戰火、漂泊超過半個世紀後終於「回家」的珍貴藏書票——它們是葉靈鳳生前最珍貴的收藏，如今成為連接兩個時代、兩座城市的文化紐帶。筆者有幸受邀參與這次捐贈儀式，懷着對這位文壇巨匠的敬仰之情，踏上了這次從香港至上海追尋葉靈鳳精神足跡的旅程。

「也許等到秋高氣爽，燈火可親之時，有機會將這一份歷劫倖存的藏品，整理一下，舉行一次小小的展覽會，作為一個紀念罷。」葉靈鳳生前的這個願望，在八十七年後的今天終於得以實現。1938 年日本侵華，上海硝煙四起，葉靈鳳夫人趙克臻在《我的回憶》中記載：「靈鳳來信要我把他書桌上的二十多本畫集及一個小木箱一同帶來，這箱中就是他珍藏的藏書票與信件等。」在那個日軍轟炸上海、英國戰艦「紫水晶號」被擊沉的危急時刻，趙克臻懷中緊緊抱着的，正是那隻裝有藏書票的小木盒。這批珍貴的藏書票，就這樣在漫天烽火中從上海轉移至香港，跟隨葉靈鳳在香江度過了餘生。

葉靈鳳女兒葉中敏在《父親的藏書票》中寫道：「這一批三十年代父親同世界各地作家、收藏家交換而來的藏書票，在漫天烽火中從上海到了香港，並且隨同父親寄居香江半個世紀，始終默默躺在一隻不起眼的小木盒中，無言見證着時代風雲下一段已逝去的世紀文人友誼和創作。」

捐贈儀式

5 月 10 日當天下午 1 時 30 分，巴金圖書館內舉行了莊重而溫馨的藏書票捐贈儀式，葉靈鳳的子女及親屬包括黃桂華（長媳）、葉中慧（五女）、葉中敏（六女）、葉中輝（七子）、何文慧（七媳）、葉中美（八女）、黃汝文（八婿）、葉超駿（長孫）、黃碧華（媳妹）與前來的被邀嘉賓，其中包括李麗芳（中大圖書館高級助理館長）、黃念欣教授（中大崇基副院長、中國語言及文學系副教授）、張詠梅（中大高級講師）、葉勇（港大專業進修學院高級講師）、謝淩潔貞（民政事務局、教育局原常任秘書長）、許迪鏘（三聯資深編輯）及其夫人、吳邦謀（香港收藏家協會高級副會長、特許電力工程師）、管樂（大公報副刊主任）、陳子善教授（華東師大中文系教授）、李廣宇（中國法官文聯常務副主席）等一起出席儀式。

葉靈鳳的七子葉中輝將這批歷經磨練的藏書票正式捐贈給上海市作家協會，由作協主席孫甘露先生代表接受，馬書記在致辭中指出：「葉氏後人將一批歷劫倖存的珍貴的藏書票捐贈給上海文學館，與上海再續前緣，可以說是一場跨越時空的『精神返鄉』。」

捐贈儀式過後，藏書票特展正式向公眾開放。展覽分為「上海記憶」及「藏書票之愛」兩大部分，透過圖片、文字、實體等展現葉靈鳳先生的上海情緣和對藏書票的喜愛。最特別的是這批作品中挖掘出一張票主為 1931 年加入左翼美術家聯盟的畫家、新中國美術奠基人之一的蔡若虹，這是目前所發現中國藝術家使用藏書票的罕見早期實例之一。另外，紀念展更展出三本貼有葉靈鳳設計的「靈鳳藏書票」的舊書，這些都是葉靈鳳在上海的心愛書籍。一本來自中大的複製本畫冊，亦貼有一張「靈鳳藏書票」，即共有四張藏書票展出。共實，筆者收藏一本出版於 1928 年的巴爾札克（Honoré de Balzac）《詼諧故事集》(Droll Stories)，亦貼有「靈鳳藏書票」，即代表存世的共有五本。

座談會

到了下午約 2 時 30 分，紀念座談會拉開帷幕，以下這些多元視角的討論，讓葉靈鳳的形象更加立體豐滿：

1. 開始時播放祝賀視頻，見有導演許鞍華、小思老師、李麗芳、關棟天（戲劇家）
2. 葉中敏（葉靈鳳先生的六女）發言，題目為「先父『三寶』各得其所」（當中三寶為《新安縣志》（捐贈中山大學）、珍藏書籍（捐贈香港中文大學）及藏書票（捐贈上海市作家協會））

3. 陳子善：葉靈鳳短篇集《紫丁香》的前世今生
4. 陳越遙（商務印書館上海分館編輯）：葉靈鳳短篇小說集《紫丁香》出版背後
5. 許迪鏘：葉靈鳳的藏書和藏書票
6. 許詠梅：試論葉靈鳳《新晚報》副刊專欄「霜紅室隨筆」的飲食書寫
7· 黃念欣：葉靈鳳的香港文學史的意義
8. 李廣宇：葉靈風與新興木刻運動
9. 吳邦謀：葉靈鳳：宋皇台及《新安縣誌》
10. 周立民：舉行一次小小的展覽會，作為一個紀念罷

等等

這次藏書票的回歸，不僅完成了葉靈鳳的夙願，更啟示我們思考文化遺產保護與傳承的當代意義。在數位化閱讀盛行的今天，這些實體藏書票所承載的人際交往和歷史記憶，顯得尤為珍貴。它更提醒我們：文化的生命力不僅存在於宏大的歷史敘事中，更蘊藏在這些細微的、個人的、情感的聯結裏。正如葉靈鳳一生所實踐的那樣，真正的文化傳承，需要有人甘於做「守夜人」，在時代的風雲變幻中，守護那些易逝卻永恆的精神火種。

2025 年 5 月 10 日，上海市巴金圖書館舉行藏書票捐贈儀式，以紀念葉靈鳳先生誕辰 120 周年，出席儀式者包括左起：葉中慧（五女）、何文慧（七媳）、葉中敏（六女）、黃桂華（長媳）、葉中輝（七子）、孫甘露（作協主席）、馬書記、葉中美（八女）、黃汝文（八婿）及葉超駿（長孫）等。

2025 年 5 月 10 日，葉家代表葉中輝（圖左）將藏書票捐贈給上海市作家協會，作協主席孫甘露先生隨即頒授感謝狀給葉中輝。

葉靈鳳先生誕辰 120 周年紀念座談會上，葉靈鳳先生的六女葉中敏女士首先發言，題目為「先父『三寶』各得其所」，旁為陳子善教授。

筆者身在上海虹口區武進路 455 號的巴金圖書館，參加葉靈鳳先生誕辰 120 周年紀念展。

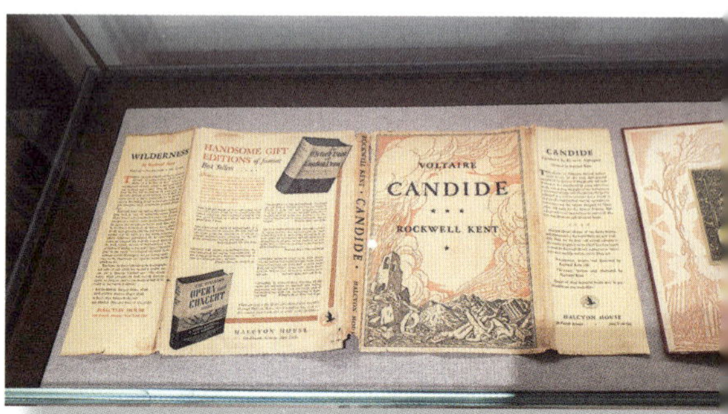

在葉靈鳳先生誕辰 120 周年紀念展中，共展出四本外文書貼有葉靈鳳設計的「靈鳳藏書票」，這些都是葉靈鳳於 1930 年代在上海的藏書，除右下為中大藏書複製品。另外筆者藏有一本出版於 1928 年的巴爾扎克《詼諧故事集》(Droll Stories)，亦貼有「靈鳳藏書票」(見本書《藏書票失而復得》)，代表存世的共有五本。

圖左為葉靈鳳先生誕辰 120 周年紀念展暨座談會會議手冊，右為「藏書票之愛」內藏有葉靈鳳藏書票複製品。

2025 年 5 月 10 日，參與葉靈鳳先生誕辰 120 周年座談會的葉氏眾子女及親屬、學者、嘉賓等，在香港藏書票協會創會會長余元康先生所畫的「葉靈鳳刻像」影印本上簽名，以示紀念。

兩款橫直設計的小思老師心意卡，寫有「葉靈鳳先生一生連繫滬港雙城文脈，成就非凡。今年能隆重返回舊地，實堪慰在天之靈。」卡上蓋有葉靈鳳先生生前所用刻有「靈鳳藏書」印。

跋

此書《葉靈鳳百二年》，乃筆者嘗試，冀以多棱鏡光，映照葉靈鳳先生斑斕之人生。然先生學貫中西，筆耕不輟，筆者區區一冊實難盡納其華。在編輯過程中，面對珍貴手稿、尺素鴻雁、稀見版本，常於取捨間躊躇難決，抱憾割愛。

書中未能盡現的諸多遺珠，尤如那些未能悉數展出的藏書精粹，靜候着未來開啟的機緣。這些暫時沒能收錄的珍貴資料，我們看作是留給未來的期待與承諾。倘他日有幸再續新篇，定當悉心梳理，公諸同好，藉由更豐富的載體無論是文字還是藏品，得以真切地重現於世。

墨痕猶潤，前路方長。 謹以此書，紀念葉靈鳳先生誕辰 120 週年和逝世 50 週年，也表達我們後輩追念先賢、傳承文化的一份真誠心意。 先生的風骨和文章，一定會像他珍愛的書香墨韻，也像那小小藏書票裏凝聚的文化精神一樣，即使經歷漫長歲月的沖刷，也能長久留存於世間，永遠散發着芬芳。

葉靈鳳大事及創作年表

1905 年

- 葉靈鳳生於 5 月 12 月（乙巳年四月初九）[1]，江蘇省南京人，原名葉蘊璞。父親葉性甫，滿清時曾任武職，母親王氏，有一兄兩姊，老家在南京城內九兒巷。

1910 年

- 母親因急病猝死。父任職於鎮江，後再娶呂氏。

1916 年

- 父調任九江，葉靈鳳就讀當地中學。畢業後得兄長之助，赴北京輔仁大學肄業，一年後離校。

1924 年

- 因醉心於美術，葉靈鳳前往上海到美術專科學校學習，開始半工半讀的寫作生活。他寄宿在哈同路民厚里的叔父家裏，並學習寫作，及後投稿於創造社編的《創造周報》，認識編輯成仿吾及創造社成員郭沫若、郁達夫、周全平、倪貽德、敬隱漁等。

---

1 根據筆者向葉靈鳳的女兒葉中敏查詢，葉靈鳳的生日是以農曆計算，即四月初九。葉靈鳳於 1970 年日記備忘，寫有「出生 1905 年舊曆 9/4」，且差不多每年在這天慶祝生日。

- 9 月 1 日，《洪水》周刊創刊號由泰東書局出版，隨後第二期因戰事而停止出版，於是《洪水》周刊只出一期便夭折。

1925 年

- 經郭沫若介紹下加入創造社，參與《洪水》半月刊的編輯工作，並搬到南市阜民路與周全平合住亭子間，成為《洪水》編輯部及創造社出版部的籌備處。
- 3 月 5 日、4 月 5 日、5 月 5 日，於《學生雜誌》第 12 卷第 3、4、5 期連載處女作〈故鄉行〉。
- 9 月 16 日，《洪水》半月刊第 1 卷第 1 期出版，設計封面。
- 10 月 1 日，在《洪水》第 1 卷第 2 期發表首篇小說〈姊嫁之夜〉；10 月 16 日，在《洪水》第 1 卷第 3 期發表插圖「舊夢」。
- 11 月 1 日，在《洪水》第 1 卷第 4 期發表《白葉雜記》之一〈秋意〉和插圖〈苦悶的追尋〉。11 月 16 日，在《洪水》第 1 卷第 5 期發表《白葉雜記》之二〈霧〉和插圖〈希求與崇拜〉。
- 12 月 1 日，在《洪水》第 1 卷第 6 期發表插圖〈啊！這雙魚！〉。12 月 16 日，發表七幀插圖給周全平的〈夢裏的微笑〉。同日，在《洪水》第 1 卷第 7 期發表插圖〈淒然望着溪中〉、〈可詛咒的一幕〉。

1926 年

- 1 月 1 日，在《洪水》第 1 卷第 8 期發表〈曇花庵裏的春風〉及插圖〈禪味〉，署名葉煙著。
- 3 月 1 日，創造社出版部正式成立，工作地點遷至閘北寶山路三德里 A11 號。《洪水》第 1 卷第 12 期發表《白葉雜記》之三〈心靈的安慰〉。3 月 16 日，《洪水》重新設計封面。第 2 卷第 13 期發表《白葉雜記》之四〈芳鄰〉；《創造月刊》創刊，葉靈鳳設計封面，沿用至 1927 年 2 月出版第 1 卷第 6 期。
- 4 月 16 日，在《洪水》第 2 卷第 15 期出版，發表《白葉雜記》之五〈遷居〉。4 月 26 日，《A11》週刊創刊，設計封面，與潘漢年等編輯。
- 5 月 1 日，在《洪水》第 2 卷第 16 期出版，發表《白葉雜記》之六〈惜別〉及七〈人去後〉。5 月 16 日，《洪水》第 2 卷第 17 期出版，發表《白葉雜記》之八〈偷生〉。
- 5 月 26 日，《A11》出至第 5 期被查禁停刊，發表〈要說的話〉。

- 6月1日，在《洪水》第2卷第18期出版，發表《白葉雜記》之九〈歸來〉。6月12日，與周全平編《幻洲》週刊創刊，發表〈白日的夢〉，出至6月18日第2期終刊。6月16日，在《洪水》第2卷第19期發表《白葉雜記》之十〈春蚕〉、之十一〈血〉、之十〈謝忱〉和之十三〈今後的生涯〉。6月28日，《幻洲》週刊第2期出版。
- 7月1日，在《洪水》第2卷第20期出版，發表《白葉雜記》之十四〈無題〉。7月16日，在《洪水》第2卷第21期發表《白葉雜記》之十五〈靈魂的歸來〉、之十六〈生離〉。
- 8月1日，在《洪水》第2卷第22期出版，發表《白葉雜記》之十七〈鄉愁〉。8月7日，創造社出版部被查封，葉靈鳳、柯仲平、周毓英、成紹宗被補。五天後，被保釋出獄。
- 10月1日，《幻洲》半月刊創刊，首次正式主編的第一份雜誌，發表〈象牙之塔〉、〈浪淘沙〉。10月16日，在《幻洲》第1卷第2期發表〈紅燈小擷〉及編後隨筆〈幔〉。
- 11月1日，在《幻洲》第1卷第3期發表小說〈禁地〉，至2卷6期，共7期。11月16日，在《幻洲》第1卷第4期「靈肉號」發表小說〈口紅〉、〈菊子夫人〉，編後隨筆〈OVERTURE〉及畫作〈幻象〉。
- 12月1日，《幻洲》第1卷第5期出版，繼續連載〈禁地〉；《洪水周年增刊》出版，為葉靈鳳、周全平編輯的最後一期。自《洪水》第三卷起改由廣州出版，成仿吾主篇。〈獄中五日記〉及插圖為全平、靈鳳、為法肖像。12月31日，郁達夫受命整頓創造社出版部，葉靈鳳與幾位創造社成員，憤然離開創造社。

1927年

- 1月1日，在《幻洲》第1卷第7期「靈肉續號」發表散文〈瑣綴〉。1月16日，在《幻洲》第1卷第8期發表散文〈賀柬〉。與潘漢年合租上海霞飛路一家鞋店二樓，為《幻洲》半月刊的編輯部。因早晚電車聲不絕，故稱「聽車樓」。
- 2月16日，在《幻洲》第1卷第9期發表編者隨筆〈煤〉及小說〈Isalla〉。
- 3月1日，在《幻洲》第1卷第10期發表〈桃色的恐怖〉。
- 5月，小說集《女媧氏之遺孽》由上海光華書局初版，共收小說五篇：〈曇花庵的春風〉、〈內疚〉、〈拿撒勒人〉、〈姊嫁之夜〉、〈女媧氏之遺孽〉。1931年5月再版。

- 9月，由上海光華書局初版散文集《白葉雜記》，列入幻洲叢書，共收小品25篇，並作代序（夢的紀實）。在《幻洲》第1卷第11期及第12期同時出版。
- 10月1日，在《幻洲》第2卷第1期發表〈北遊漫筆〉、畫作〈冥想〉。10月16日，在《幻洲》第2卷第2期發表畫作〈殘夜〉。
- 11月1日，在《幻洲》第2卷第3期發表小品〈她們〉、畫作〈苦杯〉。11月16日，在《幻洲》第2卷第4期發表畫作〈囚〉；譯文〈軌道上〉
- 12月1日，在《幻洲》第2卷第5期發表〈天書〉、畫作〈昨夜的夢〉。12月16日，在《幻洲》第2卷第6期發表散文〈天竹〉、畫作〈無名的病〉，繼續連載〈禁地〉。是月，小說集《菊子夫人》由上海光華書局初版，(1928年8月(再版)；1929年6月(三版)；1931年3月(四版)。

1928年

- 1月16日，《幻洲》出版第2卷第8期後被禁；本月，《現代小說》創刊，葉靈鳳主編，潘漢年參加編輯，現代書局出版。本月，短篇小說集《鳩綠媚》出版，由上海光華書局初版。
- 2月1日，《現代小說》第1卷第2期出版。
- 3月1日，《現代小說》第1卷第3期出版。同日，蘇雪林的著作《綠天》由北新書局初版，葉靈鳳繪插圖〈睡蓮〉及〈夜遊〉。
- 4月1日，《現代小說》第1卷第4期出版。
- 5月1日，葉靈鳳主編《戈壁》半月刊創刊號，設計封面。發表小品〈笑〉，譯作〈一個革命者的回憶〉(費格娜著)、〈辛克萊的新著〉、〈馬克思的死與葬〉(安格爾著，譯者署名秋生)、〈曾仲鳴的堪克賓〉，雜文〈難省事三則〉署名白門秋生、小子、雨品巫。畫作〈未來的勝利〉、〈我們的文壇〉。5月15日，在《戈壁》第1卷第2期發表一幅模仿西歐立體派的諷刺魯迅的漫畫〈魯迅先生〉，並附有說明：「魯迅先生，陰陽臉的老人，掛着他已往的戰績，躲在酒缸的後面，揮着他『藝術的武器』，在抵禦着紛然而來的外侮。」魯迅在同年八月以〈革命咖啡店〉回擊。本月譯著《白利與露西》(羅曼・羅蘭著)由現代書局初版。
- 6月1日，在《戈壁》第1卷第3期發表畫作〈抗進〉，小說〈左道〉，譯作〈新俄詩選〉，以及隨筆〈二流的罵人〉、〈告二流先生及其他〉。同日，譯著《新俄短篇小說集》由光華書局初版。6月16日，《戈壁》出至第1卷第4期終刊，發表譯文〈他們的路〉(巴比塞著)、〈死的幸福〉(法郎士著)，小品〈控鶴新記〉。

6月20日，小說集《鳩綠媚》由光華書局初版（1931年5月光華書局再版）。

- 7月，散文集《天竹》由現代書局初版（1931年4月再版）。
- 8月，翻譯戴當萊《九月的玫瑰》由現代書局初版。
- 9月，馮雪峰譯著《新俄文藝政策》，由上海光華書局初版，葉靈鳳作扉頁插圖。
- 10月，譯作《蒙地加羅》（波蘭顯克微支著），由光華書局初版。譯作《新俄短篇小說集》，由光華書局初版。
- 12月，與廣西姑娘郭林鳳在上海舉行婚禮。

1929年

- 5月，小說集《處女的夢》由現代書局初版，共收小說六篇。。
- 6月，與周全平、潘漢年、葉靈鳳合編《小物件》創刊，出至第2期被查禁；發表漫畫〈揩揩眼鏡〉。
- 8月15日，郭沫若自傳《劃時代的轉變》（原名《反正前後》）由現代書局改版，葉靈鳳繪封面。
- 10月15日，在《現代小說》第3卷第1期發表〈編者隨筆〉，小說〈神跡〉，小品〈太陽夜記：為新興階級的孩子們而寫〉、〈辛克萊的「油！」〉。
- 11月，在《現代小說》第3卷第2期發表〈編者隨筆〉，小說〈窮愁的自傳〉（未完），小品〈太陽夜記〉。
- 12月15日，在《現代小說》第3卷第3期發表小說《梁實秋》，譯文《胃癌》（比涅克著）及《編者隨筆》。

1930年

- 1月10日，《紅的天使》由現代書局初版（5月10日再版；1932年10月10日三版；1933年9月1日四版）。1月15日，在《現代小說》第3卷第4期一月特大號出版，發表隨筆〈未來的日出〉、〈幾個美國的無名作家〉、〈太陽夜記〉和小說〈初情記事〉、〈窮愁的自傳〉。1月25日，虞琰《湖風》由現代書局初版，葉靈鳳裝幀。
- 3月15日，《現代小說》出至第3卷第5、6期合刊被查禁。
- 4月，郭林鳳在上海的家人遭家傭殺害，一家七口被盜殺，凶案轟動一時。
- 5月1日，譯著《木乃伊戀史》（戈恬著）由現代書局初版。是月，譯著《世界短篇傑作選》由光華書局初版，收入11篇（1933年1月再版，1935年8月三版）。

- 同年，參加日本齋藤昌三主持的「藏書票俱樂部」。
- 夏季，葉靈鳳與郭林鳳從上海抵港，侶倫以地主之誼引領他們夫婦倆遊玩了兩天，在侶倫慫恿下，他們決定在香港居留一個月。

1931 年

- 2 月 10 日，在《前鋒月刊》第 1 卷第 5 期發表譯文〈故鄉〉(嶽夫可夫著)。
- 4 月 1 日，《現代文藝月刊》創刊，葉靈鳳主編；發表小說〈未完的悲劇〉、〈編者隨筆〉(〈文學與生活〉、〈我的小品作家〉、〈幾篇短篇小說〉、〈諾貝爾獎金小史〉。10 日，在《現代文學評論》創刊號發表〈現代丹麥文藝新潮〉。
- 4 月 28 日，左聯執委會通過決議開除葉靈鳳。
- 5 月 10 日，在《現代文學評論》第 1 卷第 2 期發表〈現代挪威小說〉。是月，在《現代文藝》上發表〈編者隨筆〉、〈編者與讀者〉，《現代文藝》出至第 2 期休刊。
- 7 月，《靈鳳小說集》由現代書局初版，共收小說 23 篇、〈前記〉及〈我的短篇小說 (序)〉，1934 年四版時，抽去〈我的短篇小說 (序)〉。
- 8 月 10 日，在《現代文學評論》第 1 卷第 4 期發表小品〈秋的憔悴〉(後收入《靈鳳小品集》時，略作修改，題為〈憔悴的弦聲〉)。
- 是年，自傳體小說《窮愁的自傳》由光華書局出版。

1932 年

- 5 月 1 日，文學月刊《現代》創刊，當時葉靈鳳在現代書局任編輯部主任。
- 7 月 1 日，《現代》第 1 卷第 3 期出版，編輯〈歌德逝世百年紀念畫報〉。
- 8 月，黃天鵬《逍遙閣隨筆集》由上海女子書店初版，葉靈鳳設計封面。
- 10 月，《現代》第 1 卷第 6 期刊出《靈鳳小說集》和葉靈鳳其他六種著譯的廣告包括〈處女的夢〉、〈紅的天使〉、〈天竹〉、〈白利與露西〉、〈木乃伊戀史〉、〈九月的玫瑰〉。
- 11 月 1 日，在《現代》第 2 卷第 1 期發表小說〈紫丁香〉。
- 12 月 1 日，在《現代》第 2 卷第 2 期發表譯文〈品質〉(高爾斯華綏著)。12 月 17、19、23 日，在《申報・自由談》相繼發表《面壁綺語》之〈月當頭〉、〈紅百合〉、〈伊莎貝娜〉；12 月 18 日發表〈憔悴的弦聲〉；12 月 25 至 27 日，連載小說〈燕子姑娘〉。10 月 9 日至 12 月 31 日，在《時事新報》副刊《青光》連載長篇小說《時代姑娘》。

1933 年

- 1 月 1 日，在《現代》第 2 卷第 3 期發表小說〈第七號女性〉。
- 4 月 1 日，《靈鳳小品集》由現代書局初版（同年 7 月再版；1934 年 3 月三版），收入〈雙鳳樓隨筆〉、〈她們〉、〈北遊漫筆〉、〈白葉雜記〉、〈太陽夜記〉五輯，62 篇，前有〈自題〉。
- 5 月 1 日，《現代》第 3 卷第 1 期出版，編選別冊、插繪特輯〈現代中國木刻選〉，並作〈小引〉。
- 7 月，《時代姑娘》由四社出版部初版，前有〈自題〉（1934 年 1 月三版）。
- 9 月 1 日，在《現代》第 3 卷第 5 期發表小說〈流行性感冒〉；麥綏萊勒「木刻連環圖畫故事」四種由良友圖書公司出版，其一《光明的追求》由葉靈鳳作序（1936 年 9 月 10 日再版）。
- 12 月 1 日，在《現代》第 4 卷第 2 期發表〈藏書票之話〉，並在插頁選各國藏書票 15 幅。

1934 年

- 2 月 1 日，在《現代》第 4 卷第 4 期發表小說〈憂鬱解剖學〉，刊登與施蟄存、杜衡的聯名啟事〈現代雜誌社同人啟事〉。2 月 15 日，在《良友畫報》第 85 期發表小說〈朱古律的回憶〉。
- 3 月 1 日，《現代》第 4 卷第 5 期出版，設計封面。
- 5 月，《萬象》畫報創刊，第 1 、 2 期由張光宇、葉靈鳳主編，第 3 期改由張光宇主編而終刊；葉靈鳳發表〈現代日本藏書票〉。
- 6 月 24 日，在《萬象》第 2 期發表〈貞操帶之話〉。
- 7 月 15 日，在《小說》半月刊第 4 期發表〈書魚消夏錄〉；在《良友》畫報第 90 期刊登聲明〈同到白頭情更好，千里姻緣一線牽〉。
- 8 月，《短篇小說選》（巴金等著）由良友圖書公司出版，收入〈朱古律的回憶〉。
- 10 月 1 日，在《現代》第 5 卷第 6 期發表〈作為短篇小說家的海明威〉。10 月 10 日，《文藝畫報》創刊，發表〈山茶花〉、〈編者隨筆〉。10 月 20 日，短篇小說集《黑牡丹》（穆時英等著）由良友圖書公司初版，收入〈朱古律的回憶〉（1935 年 10 月再版）。
- 12 月 15 日，在《文藝畫報》第 1 卷第 2 期發表〈編者隨筆〉、〈書魚閒話〉（後轉載於 1936 年 10 月 10 日《好文章》創刊號）、〈猥褻文字與愛欲文字〉及譯文

〈夜鶯與玫瑰〉（英貝爾著，後轉載於 1937 年 4 月 10 日《好文章》第 7 期）。

- 12 月 31 日至 1935 年 3 月 16 日，在《時事新報・青光》連載長篇〈未完的懺悔錄〉。

1935 年

- 1 月 5 日，在《人間世》第 19 卷發表〈一九三四年我所愛讀的書籍〉。
- 2 月 2 日，在《人言週刊》第 2 卷第 1 期發表〈回憶幻洲及其它〉。2 月 15 日，《文藝畫報》第 1 卷第 3 期出版，葉靈鳳主編，發表〈編者隨筆〉、〈寒夜隨筆：闢謠〉、小說〈長門怨〉、〈巫術和文學上的求愛〉（署名秦靜聞）。
- 3 月，羅清楨《清楨木刻畫（第三集）》手印本出版，葉靈鳳題簽封面。
- 4 月 15 日，《文藝畫報》出至第 1 卷第 4 期終刊，發表譯作〈裸體的美學〉（署名秦靜聞）。
- 6 月，《讀書與出版》第 2 號發表文化團體、個人聯合宣言〈我們對於文化運動的意見〉，名列其中。
- 7 月，《現代》雜誌停刊。
- 8 月 15 日，鄭伯奇編選《中國新文學大系・小說三集》由良友圖書公司初版，收入〈女媧氏之遺孽〉。8 月 25 日，《晨報》發表〈〈自由神〉座評〉，作為座談者之一。
- 9 月 12 日至 1936 年 1 月 24 日，在《晨報》增刊《小晨報》連載長篇〈永久的女性〉。13 日，在《晨報》副刊《晨曦》發表〈談歌德自傳〈詩與真〉〉。

1936 年

- 1 月 16 日，在《文化生活》第 2 卷第 1 期「文化人的計劃」一欄發表〈我今年的計畫〉。
- 2 月 15 日，《六藝》月刊創刊，高明、姚蘇鳳、葉靈鳳、穆時英、劉吶鷗主編，葉靈鳳發表小說〈七顆心的人〉。
- 3 月 15 日，在《六藝》第 1 卷第 2 期發表譯作〈蘇聯的版畫藝術〉（契果達葉夫著）、〈黑舞女約瑟芬貝凱〉（署名秦靜聞）、〈編輯室隨筆〉。
- 4 月 15 日，《六藝》出至第 1 卷第 3 期終刊，發表〈談現代的短篇小說〉，以筆名秦靜聞譯作〈我的夥伴卓別林〉（葛洛克著）、〈編輯室隨筆〉。

- 6月1日至10月20日，在《辛報》開設專欄《書淫豔異錄》，共104篇。6月27日，《未完的懺悔錄》由上海今代書店初版，有〈前記〉一篇。6月15日，在《綢繆月刊》第2卷第10期發表譯文〈文學：人的風〉。
- 7月16日，在《論語》第92期發表譯作〈余先生〉（保爾・穆航著）。是月，《永久的女性》由大光書局初版，前有〈題記〉一篇。
- 9月16日，在《論語》第96期發表〈獻給魯迅先生〉。是月，《葉靈鳳創作選》由萬象書屋初版，何須忍編，收入15篇小說（1937年1月再版，目錄處為「葉靈鳳選集二」）。
- 10月，《葉靈鳳創作選》由仿古書店初版，筱梅編，收入散文6篇、小說8篇；是年，良友圖書公司再版。
- 12月10日，在《好文章》第3期發表〈關於漫畫〉。

1937年

- 1月1日，與現代書局職員趙克臻結婚。
- 5月15日，在《中國文藝》創刊號發表小說〈第十二病牀〉。
- 7月28日，文化界救亡協會正式成立，葉靈鳳被選為理事。
- 8月24日，《救亡日報》創刊，郭沫若任社長，夏衍任總編輯，葉靈鳳任編委。
- 9月6日，葉靈鳳取代周寒梅出掌《救亡日報》出版部。
- 11月21日，上海淪陷。
- 11月23日，滬版《救亡日報》停刊，報社南遷廣州。
- 12月20日，在《離騷》創刊號發表〈戰爭與木刻〉。
-

1938年

- 1月，《救亡日報》在廣州復刊。葉靈鳳離開上海經香港到廣州。數月之後，家人也避禍到香港。
- 3月27日，中華全國文藝界抗敵協會在漢口正式成立。
- 4月1日，《立報》從上海遷至香港復刊，薩空了任主編，副刊《言林》由茅盾主編，茅盾赴新疆後由葉靈鳳接編。
- 8月1日，香港《星島日報》創刊，戴望舒任副刊《星座》主編，葉靈鳳投稿。

- 8月9、31日，在《大英夜報》副刊《七月》相繼發表〈我想盡的責任〉、〈新的「米當夜會」〉。
- 9月4、13日，在香港《星島日報・星座》第35、44期發表〈莫斯科的教訓〉、〈記高爾基博物院〉。
- 10月18、20、29日，在《星島日報・星座》第79、81、90期相繼發表〈海上紀事〉、〈散尾葵〉、〈銅像〉（後轉載於1939年1月上海《學生雜誌》第19卷第1號）。
- 10月20日，日軍佔領廣州，葉靈鳳定居香港。起初居住在西區半山的學士台。

1939年

- 1月7日，在香港《立報・言林》發表〈摩登半閑堂〉。
- 3月31日，在《立報・言林》發表〈留港文藝工作者的責任：遙祝文協總會一周年紀念〉。
- 4月9、16日，在《立報・言林》相繼發表〈全國文協今日在渝舉行年會〉、〈葉靈鳳啟事〉。
- 6月11日，在《立報・言林》發表〈〈言林〉參加文章義賣展期三天〉。
- 7月12日，香港文藝界歡迎巴金到港及歡送夏衍、陳煙橋、丁聰離港舉行聚會。
- 8月9日，在《立報・言林》發表〈抗戰的中國〉、〈新刊評薦：詩的統一戰線詩刊〈頂點〉創刊號出版〉。
- 10月19日。出席「魯迅先生逝世三週年紀念大會」。《立報・言林》刊出〈魯迅紀念專號〉。
- 19、30日，在《星島日報・星座》第375、387期發表〈談本港文化界的新組織〉。
- 31日，在《立報・言林》發表〈歲暮斷想〉。

1940年

- 3月，葉靈鳳與戴望舒、郁風、葉淺予等組織「耕耘社」，創辦《耕耘》雜誌。3月12、15、18、26日，在《星島日報・星座》第527、530、533、541期分別發表〈木刻研究班〉、〈作家生活保障問題的另一面〉、〈蘇聯籌備紀念瑪耶訶夫斯基〉、〈北極的新史詩：破冰船西多夫號的英雄事蹟〉。

- 4月，《耕耘》創刊號出版，葉靈鳳發表編譯〈木刻論輯〉。4月3、4、5、22、28日，在《立報・言林》分別發表〈談傀儡〉、〈一封寄給伏洛希羅夫的信〉（卡費特科著）、〈加緊檢點〉、〈新刊介紹：卞之琳〈第七七二團在太行山一帶〉、〈梅雨天氣〉。4月3、19日，在《星島日報・星座》第548、564期分別發表〈左拉的寫作技巧〉、〈「文藝」盜用者〉。4月30日，在香港《大公報》發表〈再斥所謂「和平救國文藝運動」〉。是月，譯著《紅翼東飛》（彼得・拍夫朗訶著）由重慶大時代書局初版，再版，有〈譯者題記〉（1941年1月重慶大時代書局初版，1942年11月再版，有〈譯者前記〉）。
- 11月21日，在《大公報・文藝》第973期發表〈紀念托爾斯泰：托爾斯泰逝世三十周年〉。是月，散文集《忘憂草》由香港西南圖書印刷公司初版。

1941年

- 1月1日，在《星島日報・星座》第815期發表〈希望〉。1月3日，在《立報・言林》發表〈新年斥「和平文妖」〉。1月4日，文協香港分會舉行會員茶話聚會，以歡迎柳亞子和英籍記者伯特蘭來港，許地山、戴望舒、葉靈鳳、楊剛、喬木、郁風出席了聚會。
- 2月1、3日，在《立報・言林》相繼發表〈早戀・譯者附記〉、〈藝術批評的笑話〉。2月2日至3月16日，在《星島日報・星座》連載譯文〈高爾基日記斷片〉，共11期。2月13、14、15、17、18、20、21、22日，在《立報・言林》連載譯文〈關於契訶夫〉（高爾基著），共8期。
- 11月16日，在《星島日報・星座》第1096期發表〈個人的銘感：慶祝郭沫若先生誕辰及文藝生活二十五周年紀念〉。
- 12月10日，《星島日報》之《中國與世界》、《星座》、《娛樂》及《星島晚報・星雲》停刊，改出《戰時生活》，由葉靈鳳、戴望舒、張君幹等合編。
- 12月25日，香港政府向日本宣佈無條件投降，《星島日報》停刊，葉靈鳳被日軍勒令不准離港的少數著名文人之一。

1942年

- 春天，戴望舒在香港被日本人逮捕，5月中經葉靈鳳設法保釋出獄。出獄後在葉靈鳳家暫住。

- 8月1日、9月1日、10月1日，在香港《新東亞》第1卷第1、2、3期分別發表〈吞旃隨筆〉（包括〈伽利略的精神〉、〈火線下的《火線下》〉、〈完整的藏書票〉）、〈新香港的文化活動：香港放送局特約放送稿〉、〈秋燈夜讀鈔〉；出至第3期終刊，葉靈鳳主編。
- 秋天，陪戴望舒「走六小時寂寞的長途」，到淺水灣蕭紅墓憑弔。

1943年

- 4月3日，葉靈鳳和戴望舒創辦香港《大眾週報》，發行者南方出版社。自創刊號至1945年6月22日第4卷第115期，開設專欄《書淫豔異錄》（白門秋生即葉靈鳳）、「廣東俗語圖解」（達士即戴望舒）、「橫刀奪愛」（靈簫生）等，共67期。
- 11月1、2、3、6日，在香港《華僑日報・僑樂村》分別發表〈北清事變議定書〉、〈頭山滿翁〉。
- 12月11、18日，在《大眾週報》第2卷第37、38期分別發表〈文藝片〈田園交響樂〉推薦〉及〈記香港三長官（司法官栗本一夫稅務所長廣瀨駿二電訊局長今村守三）〉、〈日語滑稽片〈臨時外父〉〉。12月25日，在《寫真情報》第1卷第2期發表〈緋桐三記〉。是年，在上海《太平》第2卷第9期、第2卷第10期、第3卷第1期相繼發表〈秋燈夜讀鈔〉、〈吞旃隨筆〉、〈上元春燈譜〉。

1944年

- 1月15、22日，在《大眾週報》第2卷第42、43期分別發表〈日本音樂喜劇〈仙樂風飄〉小評〉、〈藝壇新態（大中國的《雷雨》光華劇團喜事重重）〉。1月30日，《華僑日報》副刊《文藝週刊》創刊，葉靈鳳、戴望舒主編，發表〈少年維特之重讀〉、〈給讀者〉。
- 2月12日起，在《大眾週報》第2卷第46、47、48、49期開設《電影小評》專欄，共4期。2月13日，在《華僑日報・文藝週刊》第3期發表〈愛書家的小說〉、〈關於日本文藝及其他〉。2月20、27日，在《華僑日報・文藝週刊》第4、5期相繼發表〈波蘭作家與波蘭的命運〉、〈殉道者的文學〉。
- 3月18、25日，在《大眾週報》第2卷第51、52期相繼發表〈長恨天〉、〈秋之歌〉。3月19、26日，在《華僑日報・文藝週刊》第8、9期分別發表〈鄉愁〉、〈編輯後記〉。

- 4月2、9日，在《華僑日報・文藝週刊》第10、11期相繼發表〈憶江南〉之〈山川草木〉、〈蟲魚人物〉。4月8日，《大眾周報》增刊《南方文叢》創刊，出至第3號停刊，葉靈鳳主編。
- 6月10日，在《大眾週報》第3卷第63期發表〈原節子與山田五十鈴〉。6月27日，在《華僑日報・僑樂村》發表〈美國總統候選人杜威〉。
- 7月2、23日，在《華僑日報・文藝週刊》第23、26期發表〈書齋隨步〉、〈序《山城雨景》〉。
- 8月12日，在《大眾週報》第3卷第72期發表〈〈回春曲〉的檢討〉。
- 9月1日，羅拔高著《山城雨景》，羅即盧夢殊，為香島月報總編輯。葉靈鳳撰序，戴望舒寫跋，後戴被留港粵文藝作家聯名檢舉他附敵的證證據。9月21日，在《大眾週報》第3卷第77期發表〈幽閉笑談〉。
- 10月6日，在《香港日報・小港》發表〈阿爾巴尼亞概況〉。10月12至15日，在《香港日報・曙光》發表〈軍器小識〉、〈緬甸〉、〈交戰國的新兵器〉。10月28日，在《大眾週報》第4卷第82期，發表譯文〈達爾文的文藝觀〉；自本期至第88期，開設《每週影評》專欄，共7期。
- 11月11日，在《大眾週報》第4卷第5期發表〈獨漉堂詩〉。

1945年

- 1月7、21、28日，在《華僑日報・文藝週刊》第49、51、52期分別發表〈悼羅曼・羅蘭〉、〈跌下來的果子〉、〈柏林之圍：關於阿爾封斯・都德的短篇〉。
- 2月1日，在《香港日報・香港藝文》第10期發表〈香港植物志〉。2月4、25日，在《華僑日報・文藝週刊》第53、56期分別發表〈戰爭和偉大的作品〉、〈讀獨漉堂詩〉。
- 3月8日，在《香港日報・香港藝文》第15期發表〈談推背圖〉。
- 4月1、8日，在《華僑日報・文藝週刊》第61、62期分別發表〈關於禁書的笑話〉、〈濕髮的故事〉。4月11日，在《華僑日報》發表〈煤山悲劇三百年紀念：民族盛衰歷史教訓之再接受〉。4月23日，在香港《時事週報》第1期發表〈讀書隨筆〉。
- 7月1日，香港《香島日報》副刊《日曜文藝》創刊，葉靈鳳、戴望舒主編，至8月26日隨日本投降而停刊，共9期，發表〈不值一噓〉。7月5日、8月5

日，在《香島月報》第 1 、 2 期連載以南宋在廣東抗元的故事為背景的長篇歷史小說〈南荒泣天錄 (一、二)〉，因日本投降而停刊。

- 7 月 8 日，在《華僑日報・文藝週刊》第 75 期發表〈贅言〉。

1946 年

- 3 月，《讀書隨筆》散文集由上海雜誌公司復興初版，上編為「讀書隨筆」共 40 篇，下編為「秋燈瑣記」共 10 篇。
- 8 月 19 日，在《華僑日報》發表〈書簽〉。

1947 年

- 4 月，由上海新象書店初版《葉靈鳳傑作選》，巴雷編選，小說、散文等共 33 篇。
- 6 月 5 日，在《星島日報》副刊《香港史地》創刊號發表〈《香港史地》發刊詞〉。本月起至 11 月，在《星島日報・香港史地》連載〈西文香港史地書錄解題〉。
- 8 月 1 、 17 日，在《星島日報》分別發表〈殉道精神〉、〈失去的書〉。
- 12 月 3 日，在《星島日報》發表〈評《英國版畫集》〉。

1948 年

- 1 月 27 日，在《新生晚報・新趣》發表〈來函照登〉。
- 8 月 1 日，在《星島日報》增刊發表〈讀者、作者與編者〉。
- 10 月 2 日至 12 月 29 日，在《新生晚報・新趣》開設專欄《賢者而後樂此室雜記》，共有 80 期。

1949 年

- 年初，戴望舒因哮喘病日益嚴重，家庭再次產生糾紛，借住在羅便臣道的葉靈鳳家。3 月 11 日戴望舒乘船北上解放區的北平，從此二人永訣。
- 1 月 6 日，在《星島日報》發表〈都市的憂鬱〉。
- 8 月，在港編印紀念歌德誕生 200 周年特刊。
- 11 月 6 日，在《星島日報・文藝》第 95 期發表譯文〈高爾基與書〉(瑪爾訶夫著)。

1950 年

- 2 月 28 日，戴望舒因哮喘病在北京逝世。
- 4 月 10 日，在《華僑日報・文藝週刊》全版刊出「悼念詩人戴望舒特輯」，葉靈鳳除發表〈憶望舒〉，還提供戴望舒的各種資料包括圖片及手跡。

1951 年

- 11 月 15 日，《星島週報》創刊，直至 1958 年 10 月 9 日停刊。葉靈鳳擔任編委，《星島週報》每期附有畫刊，他常提供珍貴圖片，差不多每期都有文字稿交，內容涉及香港掌故、美術、文學、習俗、考證等。文章多署名「葉林豐」，圖片說明署名「豐」。

1952 年

- 1 月 3 日，發表〈我的文章防線〉。

1953 年

- 本年，在香港《大公報》副刊陸續發表掌故小品〈香港方物志〉。

1956 年

- 2 月 10 日，在香港《中國學生週報》第 186 期發表〈介紹但杜宇先生的作品〉。
- 6 月，譯作《阿柏拉與哀綠綺思的情書》（阿柏拉・哀綠綺思著）由香港上海書局初版。
- 8 月 1 日，在香港《文藝新潮》第 1 卷第 4 期「法國專號」上發表〈法國文學的印象〉。

1957 年

- 3 月 1 日，在香港中英學會演講，以〈關於蕭紅女士的事情〉為題，介紹蕭紅的身世及她的著作，報告蕭紅墓地被糟蹋的情況。
- 3 月 9 日，在香港《文匯報・文藝》發表〈關於蕭紅女士的事情：三月一日在中英學會文化組演講〉。
- 5 月 18 日，在《文匯報・文藝》發表〈詩人畫家布萊克〉。

- 6月1日，在香港《文藝世紀》創刊號「紀念屈原專頁」發表〈屈原・楚辭和民俗〉。
- 7月1日，在《文藝世紀》第2期發表〈讀書隨筆〉、〈潘的性格和故事〉、〈紀德的《贗幣犯日記》〉、〈關於王爾德的回憶〉。月初，淺水灣進行建築工程，蕭紅墓受到影響，葉靈鳳等人與國內溝通，商定將蕭紅骨灰遷回廣州。他以友好的資格向當局申請開挖墓地遷移骨灰的許可證。20日，與陳君葆等人在場監督發掘。7月6日，在《文匯報・文藝》發表〈重讀望舒詩〉。
- 8月1日，在《文藝世紀》第3期發表〈望舒和《災難的歲月》〉。8月3日，香港文化界朋友為蕭紅舉行遷墓儀式，葉靈鳳代表香港界把骨灰盒送到深圳，移交給廣東文聯的代表。31日，在《文匯報・文藝》發表〈我國佛教石窟藝術遺跡〉。
- 9月1日，在《文藝世紀》第4期發表〈寂寞灘頭十五年：記蕭紅骨灰遷送離港始末〉。
- 10月1日，在《文藝世紀》第5期「魯迅先生逝世廿一周年紀念特輯」發表〈魯迅先生在香港〉。
- 11月9日，在《文匯報・文藝》發表〈三十年前的一本小書：重讀《新俄短篇小說集》〉。
- 本年，應邀訪問北京，後訪上海，在四馬路、靜安寺、路逛書店。往北四川路底訪內山書店舊址。參觀魯迅故居。訪謝澹如。
- 本年，由人民文學出版社出版《魯迅全集・三閒集》中，《文壇的掌故》註文中對葉靈鳳的註釋為：「葉靈鳳，當時雖投機加入創造社，不久即轉向國民黨方向去，抗日時期成為漢奸文人」。
- 1981年新版中，投機、漢奸字眼已被刪去，註釋也變成了：「葉靈鳳，江蘇南京人，作家，畫家」。

1958年

- 1月1日、3月1日、4月1日、10月1日，在《文藝世紀》第8、10、11、17期分別發表〈湖上小品〉、〈三橋記〉、〈案頭書〉、〈雜憶亞子先生〉。
- 11月，香港中華書局初版《香港方物誌》，作者署名葉林豐。
- 12月1日，在《文藝世紀》第19期發表〈版畫圖籍的搜集功臣：悼鄭振鐸先生〉。

1959年

- 1月1日，在《文藝世紀》第20期發表〈家鄉的吉慶剪紙〉。

- 2 月 17 日，在《文匯報・文藝》發表〈誕生一百五十周年紀念 —— 詩人小說家愛倫坡〉。
- 3 月 10 日，在《文匯報・文藝》發表〈蘇格蘭農民詩人彭斯〉。
- 4 月 14 日，在《文匯報》發表〈偉大的諷刺作家果戈裏〉。
- 5 月 24 日，在《藝林》發表〈南佛堂石壁畫龍的初步研究〉。
- 6 月 9 日，在《文匯報・文藝》發表〈屈原和他的作品〉。
- 8 月 1 日，在《文藝世紀》第 27 期發表〈靄理斯的百年祭〉。8 月 4 日，在《文匯報・文藝》發表〈郭沫若的百花詩〉。10 月 27 日，在香港《新晚報》發表〈澹歸和尚的徧行堂集文字獄〉。
- 9 月 1 日，在《文匯報・文藝》發表〈裝幀、木刻和插畫：從郭沫若的《百花齊放》裝幀和插畫談起〉。
- 10 月 1 日，葉靈鳳應邀到北京參與中國建國十周年慶典。在《文藝世紀》第 29 期發表小說〈釵頭鳳〉。

1960 年

- 1 月 1 日，在《文藝世紀》第 32 期發表〈契訶夫誕生百年紀念〉；在香港《青年樂園》第 195 期發表〈今年的契訶夫紀〉。
- 1 月 26 日、7 月 13 日、8 月 3 日、9 月 26 日，在《文匯報・文藝》分別發表〈契訶夫誕生一百周年紀念〉、〈世界文藝名作的欣賞〉、〈《唐・吉訶德》和它的作者〉、〈悼念達夫先生遇害十五周年〉。
- 12 月 12 日，在香港《文匯報》發表〈畢卡索的版畫〉。

1961 年

- 1 月 1 日，在《文藝世紀》第 44 期發表〈祝賀本刊讀者，祝賀本刊〉。
- 2 月 20 日，在《文匯報・文藝》發表〈雜憶詩人泰戈爾〉。
- 3 月 1 日，在《文藝世紀》第 46 期發表〈黃黑蠻兄妹的畫〉。是月，阮朗、李林風、夏炎冰、夏果、洪膺、葉靈鳳六人合集《新雨集》，由香港上海書局初版，收入葉靈鳳隨筆 20 篇（1977 年 7 月再版）。
- 4 月 3 日，在《新晚報》發表〈介紹《新雨集》〉。4 月 26 日、5 月 10 日、5 月 24 日、6 月 14 日、6 月 28 日、8 月 9 日、9 月 20 日，在《文匯報・文藝與青年》開設《讀書隨筆》專欄，共 7 期，分別發表〈泰戈爾的最後遺詩〉、〈左拉的小說〉、〈兩部木刻選集的對照〉、〈郁達夫與季辛的草堂雜記〉。

- 5 月 1 日，在《文藝世紀》第 48 期發表〈《新雨集》序〉。
- 6 月 21 日，在《文匯報・文藝與青年》發表〈寫隨筆的甘苦〉。
- 7 月 5 日，在《文匯報・文藝與青年》發表〈關於海明威〉。是月，合集《五十人集》由香港三育圖書文具公司初版，收入葉靈鳳散文 1 篇。
- 8 月 1 日，在《文藝世紀》第 51 期發表〈海明威的喪鐘〉。8 月 1、16 日，在《新晚報》分別發表〈讀《花燈集》〉、〈散文的魅力：讀《五十人集》〉。8 月 3 日，在《文匯報》發表〈《唐・吉訶德》和文章的作者〉。
- 9 月 19、20 日，在《新晚報》分別發表〈讀新出版的《新綠集》〉、〈讀《新綠集》再筆〉。是月，葉靈鳳、張千帆、柳岸、侶倫、吳其敏、向天六人合集《新綠集》，由香港新綠出版社初版，專輯為「歡樂的記憶」。
- 11 月 1 日，在《新晚報》發表〈讀周為的《往日集》〉。
- 12 月 20 日，在《文匯報・文藝與青年》發表〈《五十人集》的後記〉。

1962 年

- 1 月 1 日，在《文藝世紀》第 56 期發表〈古代的漫畫〉。1 月 24 日，在《新晚報》發表〈讀《五十又集》〉。是月，《五十又集》由香港三育圖書文具公司初版，收入葉靈鳳的《歐洲十八世紀台灣志書的大騙局》（署名葉林豐），卷末有葉靈鳳的〈後記〉。
- 2 月 21 日，在《文匯報・文藝與青年》發表〈《紅豆集》序〉。
- 3 月 13、29 日，在《新晚報》分別發表〈舊作〉、〈自題《紅豆集》〉。是月，葉靈鳳（署名霜崖）、戴文斯、高旅、夏果、若望、阮朗六人合集《紅豆集》，由香港新綠出版社初版，葉靈鳳作序，收入其作品 19 篇，輯為「霜紅室隨筆」。
- 4 月 2、20 日，在《新晚報》分別發表〈日益消失的古老香港〉、〈雜覽和我讀書的興趣〉。
- 6 月 4、11、18 日，在《新晚報》分別發表〈讀少作〉、〈《陋巷》贊〉、〈曉窗讀〈晨曲〉〉。
- 8 月 8 日，在《文匯報・文藝》發表〈睹物思人〉。8 月 21 日，在《新晚報》發表〈重讀《耕耘》〉。
- 9 月 10、11、13、19 日，在《新晚報》分別發表〈《書話》的書話〉、〈禁書史話〉、〈藏書票與我〉、〈我的另一份藏書〉。

- 10月12日，在《新晚報》發表〈題一冊失而復得的書〉。10月15至19日，在《新晚報》發表〈讀〈作家書簡〉〉。
- 11月27日，在《新晚報》發表〈字字珠璣的名家散文選〉。
- 12月27日，在《新晚報》發表〈喪失中的香港傳統〉。是月，阮朗、葉靈鳳、夏果、黃蒙田、辛文芷、張千帆六人合集《南星集》，由香港上海書局初版，收入其史地作品22篇，輯為「香海叢談」。

1963年

- 1月1日，在香港《南燕》創刊號發表〈說燕〉。
- 3月1日，香港《快報》創刊，葉靈鳳署名秋生撰《炎荒豔乘》專欄。3月14、16、18、19、20日，在《新晚報》相繼發表〈書的選擇〉、〈我的看書趣味〉、〈我所愛讀的散文小品〉、〈日本人的小品隨筆〉、〈讀《好望角》〉。
- 4月1日，在《文藝世紀》第71期發表〈莫娜麗莎的欣賞〉。4月16日，在香港《伴侶》第8期發表〈茶花女實有其人〉。4月23日，在《新晚報》發表〈往事——失去的一冊支魏格〉。是月，郁達夫、王映霞合著《郁達夫日記九種及其他》，由香港宏業書局初版，葉靈鳳作〈題記〉。
- 6月1日，在《文藝世紀》第73期發表〈都德的《磨坊書簡》〉。
- 7月1日，在《文藝世紀》第74期發表〈伊索的機智〉。7月1、20日在《新晚報》分別發表〈香港之初期發展畫冊〉、〈逝者如斯夫：紀念芃如逝世的一周年》。
- 8月1日，在《文藝世紀》第75期發表〈哥庚與塔希提島〉；在《新晚報》發表〈讀〈晦庵書話〉〉。是月，合集《海天集》由香港三育圖書文具公司初版，收入其作品1篇。
- 9月1日，在《文藝世紀》第76期發表〈波特賴爾的書簡〉。
- 10月11、13、14、28日，在《新晚報》分別發表〈幽默古今〉、〈克拉克《裸體》及其他〉、〈高克多與法蘭西學士院〉、〈越劇不是紹興戲：讀曹聚仁《人事新語》〉。10月23、24日，在《新晚報》發表〈蝙蝠〉。10月29、30日，在《新晚報》發表〈再談劍俠畫家周璕〉。是月，散文集《文藝隨筆》由香港南苑書屋初版。
- 11月19日，在《新晚報》發表〈《文藝隨筆》後記〉。
- 12月2至6日，在《新晚報》發表〈讀〈新安縣志〉劄記〉。12月13日，在《新晚報》發表〈萬壽果與鳳凰山：讀《新安縣志》補志〉。

1964 年

- 2 月 3 日，在《新晚報》發表〈八年來的〈文藝世紀〉〉。
- 3 月 1 至 3 日，在《新晚報》發表〈香港郵政郵票史話〉。3 月 4、13 日，在《新晚報》分別發表〈致一個同路人〉、〈讀《風雨藝林》〉。
- 4 月 1 日，在《文藝世紀》第 83 期發表〈競技與火炬競走〉。4 月 16 日，在《新晚報》發表〈讀〈聽雨樓叢談〉〉。
- 5 月 1 日、6 月 1 日，在《文藝世紀》第 84、85 期相繼發表〈破皮鞋的奇遇〉、〈崖山的春天〉。
- 7 月 8 至 13 日，在《新晚報》發表〈黃遵憲的香港感懷詩〉。
- 8 月 1 日，在《文藝世紀》第 87 期發表〈窗下雜憶〉。
- 9 月 1 日、10 月 1 日，在《文藝世紀》第 88、89 期發表〈紀伯倫散文詩抄〉。
- 11 月 11 日，在《文匯報・文藝》發表〈悼詩人柯仲平〉。
- 12 月 1 日，在《文藝世紀》第 91 期發表〈西北小品〉。2 日至 6 日，在《新晚報》連載〈讀《新安縣字》〉札記》。13 日，發表〈萬壽果與鳳凰山 —— 讀新安縣志禮志〉。
- 15 日，在《新晚報》發表〈琉璃廠的書店〉。

1965 年

- 1 月 1 日、2 月 1 日、3 月 1 日，在《文藝世紀》第 92、93、94 期分別發表〈新洛陽訪古〉、〈新春的鄉心〉、〈記冰糖葫蘆〉。
- 3 月 14 日，在《新晚報》發表〈黃蒙田的〈抒情小品〉〉。
- 4 月 1 日、5 月 1 日、6 月 1 日，在《文藝世紀》第 95、96、97 期分別發表〈春江水暖鴨先知〉、〈天方夜譚裏的中國〉、〈吳哥窟與〈真臘風土記〉〉。
- 6 月 20 日，在《新晚報》發表〈讀〈話舊談新錄〉〉。
- 7 月 1 日、8 月 1 日、9 月 1 日，在《文藝世紀》第 98、99、100 期分別發表〈西安的碑林〉、〈《五卷書》和《故事海》〉及〈擊壤小品〉、〈作家祝賀本刊創刊百期祝詞〉。
- 9 月 17、24 日，在香港《中國學生週報》第 687、688 期分別發表〈顧凱之三絕〉、〈米「顛」〉。
- 10 月 1 日、11 月 1 日、12 月 1 日，在《文藝世紀》第 101、102、103 期分別發表〈記畫〉、〈晚晴瑣憶〉、〈關於歌德的回憶〉。

- 12月3、4日，在《新晚報》發表〈讀《當代文藝》〉。12月5至10日，在《新晚報》發表〈有關張保仔的新資料〉。13日，在《新晚報》發表〈「南苑文叢」的新書〉。

1966年

- 1月1日，在《文藝世紀》第104期發表〈毛姆的劄記簿〉。1月5日，在香港《海光文藝》創刊號發表〈詩人雪萊的悲劇〉、〈福樓拜與屠格涅夫〉、〈畢卡索的私生活〉。
- 2月1日，在《文藝世紀》第105期發表〈伊索所說的蛇和人神的故事〉。2月5日，在《海光文藝》第2期發表〈畢卡索的私生活（續）〉。2月6日，在《新晚報》發表〈勖《文藝世紀》〉。
- 3月1日，在《文藝世紀》第106期發表〈歐・亨利與美國小市民〉、〈左拉的〈巴黎的肚子〉〉、〈讀小說劄記〉。3月5日，在《海光文藝》第3期發表〈《打賭》的故事〉。3月20日，在《新晚報》發表〈讀《大華》創刊號〉。
- 5月1日，在《文藝世紀》第108期發表〈讀書隨筆〉。5月25日、6月25日、8月1日，在香港《文藝伴侶》第2、3、4期發表〈文藝信箱〉。
- 6月1日，在《文藝世紀》第109期發表譯文〈被祝福的城市及其他〉（紀伯倫著）、〈杜米埃二三事〉。
- 7月1日，在《文藝世紀》第110期發表〈瓜果小品〉；在《海光文藝》第7期發表〈左拉與印象派〉、〈巴黎的茶花女墓：文壇小掌故〉。
- 8月1日、9月1日，在《文藝世紀》第111、112期分別發表〈生活小品〉、〈秋日小品〉。
- 9月26日，在香港《文匯報》發表〈悼念達夫先生遇害十五周年〉。
- 10月1日，在《文藝世紀》第113期發表〈家鄉的舊志乘〉。
- 11月1日，在《文藝世紀》第114期發表〈江・河・山・關〉、〈《黑奴籲天錄》的故事〉。
- 12月1日，在《文藝世紀》第115期發表〈窗下小品〉。

1967年

- 1月1日，在《文藝世紀》第116期發表〈醬菜南北〉。
- 2月1日，在《文藝世紀》第117期發表〈都市的憂鬱父與女〉。

- 3月1日，在《文藝世紀》第118期署名林豐發表〈果庚筆下的大溪地〉、〈支魏格的小說〉、〈關於中篇小說〉、〈西洋文學的散文小品〉。3月10、11日，在《新晚報》分別發表〈讀徐益壽〈文史隨筆〉〉〈夜讀〈北窗夜鈔〉〉。
- 4月1日，在《文藝世紀》第119期署名林豐發表〈峇裏的民族宗教藝術〉。
- 6月1日，在《文藝世紀》第121期署名林豐發表〈虎伥及其他〉。
- 6月12日，在《新晚報》發表〈調戲赤柱婦女被殺的英國軍官〉。

1968年

- 11月，《香江舊事》由香港益群出版社初版，署名霜崖編著（1968年7月二版，1969年3月三版，1971年3月四版，1974年9月五版（誤印四版））。
- 4月1日，在《文藝世紀》第131期署名林豐發表譯文〈被祝福的城市及其他〉（紀伯倫散文詩兩則）。
- 12月15日，在《文藝世紀》第139期發表〈非洲胡薩故事選〉。

1969年

- 1月15日，在《文藝世紀》第140期發表譯文〈印度哲人比爾巴爾的故事〉。
- 9月2日，在《新晚報》發表〈自題〈北窗讀書錄〉〉。
- 10月，《北窗讀書錄》由香港上海書局初版（1970年12月再版）。

1970年

- 新版《香港方物志》改由香港上海書局出版．葉靈鳳為新版作序〈序新版「香港方物志」〉（1973年11月再版，1981年1月版）。11月，《晚晴雜記》由香港上海書局初版（1971年11月再版）。
- 是年，《張保仔的傳說與真相》由香港上海書局初版，署名葉林豐（1971年再版）。《北窗讀書錄》由香港上海書局初版，署名霜崖。

1972年

- 11月，《四季》創刊號由四季編輯委員會督印，葉靈鳳在「穆時英專輯」發表〈三十年代文壇的一顆彗星：葉靈鳳先生談穆時英〉。

1974 年

- 3 月，譯作《故事的花束》由萬葉出版社出版。4 月，在《海洋文藝》雙月刊創刊號開設專欄《記憶的花束》，發表〈大陸新村和魯迅故居〉及〈景雲里〉；6 月，在《海洋文藝》第 1 卷第 2 期《記憶的花束》專欄中發表〈郭沫若早年在上海的住處〉。

1975 年

- 11 月 23 日，葉靈鳳病逝，享年 70 歲。

參考資料

1. 葉靈鳳著作

葉靈鳳：《女媧氏之遺孽》，上海光華書局，1927 年 5 月初版。
葉靈鳳：《白葉雜記》，上海光華書局，1927 年 9 月初版。
葉靈鳳：《菊子夫人》，上海光華書局，1927 年 12 月初版。
葉靈鳳：《天竹》，上海現代書局，1928 年 7 月初版。
葉靈鳳：《鳩綠媚》，上海現代書局，1928 年 1 月初版。
葉靈鳳譯：《白利與露西》，上海現代書局，1928 年 5 月初版。
葉靈鳳譯：《新俄短篇小說集》，上海光華書局，1928 年 6 月初版。
葉靈鳳譯：《九月的玫瑰》，上海現代書局，1928 年 8 月初版。
葉靈鳳譯：《蒙地加羅》顯克微支著，上海光華書局，1928 年 10 月初版。
葉靈鳳：《處女的夢》，上海現代書局，1929 年 5 月初版。
曇華譯：《木乃伊戀史》，上海現代書局，1930 年初版。
葉靈鳳：《紅的天使》，上海現代書局，1930 年 1 月 10 日初版。
葉靈鳳譯：《世界短篇傑作選》，光華書局，1930 年 4 月初版。
葉靈鳳：《靈鳳小說集》，現代書局，1931 年 6 月 1 日初版。
葉靈鳳：《靈鳳小品集》，現代書局，1933 年 4 月 1 日初版。
葉靈鳳：《時代姑娘》，四社出版部，1933 年 7 月初版。
葉靈鳳：《未完的懺悔錄》，上海今代書店，1936 年 6 月 27 日初版。
葉靈鳳：《永久的女性》，上海大光書局，1936 年 7 月初版。
葉靈鳳：《葉靈鳳創作選》，上海萬象書屋，1936 年 9 月初版。

靈鳳譯：《紅翼東飛》，拍夫朗訶著，大時代書局，1941 年 1 月初版。
葉靈鳳：《讀書隨筆》，上海雜誌，1946 年 3 月復興一版。
葉靈鳳：《葉靈鳳傑作選》，上海新象書店，1947 年 4 月初版。。
葉靈鳳：《葉靈鳳選集》，上海中央書店，1947 年 9 月初版。
葉靈鳳譯：《阿柏拉與哀綠綺思的情書》，香港上海書局，1956 年 6 月初版。
葉林豐：《香港方物志》，中華書局（香港），1958 年 11 月香港一版。
葉靈鳳、阮朗、李林風、夏炎冰、夏果、洪膺六人合集：《新雨集》，香港上海書局，1961 年 3 月初版。
葉靈鳳等五十人合集：《五十人集》，香港三育圖書文具，1961 年 7 月版。
葉靈鳳、張千帆、柳岸、侶倫、吳其敏、向天六人合集《新綠集》：香港新綠出版社，1961 年 9 月初版。
葉靈鳳等五十人合集《五十又集》：香港三育圖書文具，1962 年 1 月初版。
霜崖、戴文斯、高旅、夏果、若望、阮朗六人合集《紅豆集》：香港新綠出版社，1962 年 3 月初版。
葉林豐、張天帆、辛文芷、黃蒙田、夏果、阮朗六人合集《南星集》：香港上海書局，1962 年 12 月初版。
葉靈鳳：《文藝隨筆》，香港南苑書屋，1963 年 10 月初版。
葉靈鳳：《香江舊事》，香港益群出版社，1968 年 1 月初版。
霜崖：《北窗讀書錄》，香港上海書局，1969 年 10 月初版。
葉林豐：《香港方物志》，香港上海書局，1970 年 6 月初版。
葉林豐：《張保仔的傳說和真相》，香港上海書局，1970 年 10 月初版。
葉靈鳳：《晚晴雜記》，香港上海書局，1970 年 11 月初版。
葉靈鳳譯：《故事的花束》，萬葉出版社，1974 年初版。
葉靈鳳：《香港方物志》，三聯書店（北京），1985 年 12 月初版。
葉靈鳳：《讀書隨筆（一集）》，三聯書店（北京），1988 年 1 月初版。
葉靈鳳：《讀書隨筆（二集）》，三聯書店（北京），1988 年 1 月初版。
葉靈鳳：《讀書隨筆（三集）》，三聯書店（北京），1988 年 1 月初版。
葉靈鳳：《世界性俗叢談》，南粵出版社，1989 年 2 月初版。。
葉靈鳳：《香港的失落》，中華書局（香港），1989 年 5 月初版。
葉靈鳳：《香海浮沉錄》，中華書局（香港），1989 年 5 月初版。
葉靈鳳：《香島滄桑錄》，中華書局（香港），1989 年 5 月初版。

葉靈鳳：《花木蟲魚叢談》，南粵出版社，1989 年 6 月初版。
葉靈鳳：《葉靈鳳書話》，姜德明主編，小思選編，北京出版社，1997 年 12 月初版。
葉靈鳳：《忘憂草》，陳子善編，上海文匯出版，1998 年 8 月初版。
葉靈鳳：《北窗讀書錄》，陳子善編，上海文匯出版，1998 年 8 月初版。
葉靈鳳：《文藝隨筆》，陳子善編，上海文匯出版，1998 年 8 月初版。
葉靈鳳：《葉靈鳳散文》，陳子善選編，杭州文藝，2003 年 1 月第 1 版
葉靈鳳：《霜紅室隨筆》，陳子善編，北京海豚出版，2012 年 8 月初版。。
葉靈鳳：《書淫艷異錄》，張偉編，福建教育，2013 年 1 月第 1 版。
葉靈鳳：《讀書隨筆（一集）》，三聯書店（香港），2019 年 5 月初版。
葉靈鳳：《讀書隨筆（二集）》，三聯書店（香港），2019 年 5 月初版。
葉靈鳳：《葉靈鳳日記》，盧瑋鑾策劃／箋、張詠梅注釋，三聯書店（香港），2020 年 5 月初版。
葉靈鳳：《讀書隨筆・1》，三聯書店（北京），2022 年 1 月初版。
葉靈鳳：《讀書隨筆・2》，三聯書店（北京），2022 年 1 月初版。
葉靈鳳：《文學經典》，李廣宇編，法律出版社，2024 年 8 月初版。

2. 報章雜誌

《創造週報》，第一號，泰東圖書局，1923 年 5 月 13 日。
《創造週報》，第十三號，泰東圖書局，1923 年 8 月 5 日。
《洪水》周刊，第一期，泰東圖書局，1924 年 8 月 20 日。
《學生雜誌》，第十二卷第三號，商務印書館，1925 年 3 月 5 日。
《學生雜誌》，第十二卷第四號，商務印書館，1925 年 4 月 5 日。
《學生雜誌》，第十二卷第五號，商務印書館，1925 年 5 月 5 日。
《洪水》半月刊，第一卷第一號，上海光華書局，1925 年 9 月 16 日。
《洪水》半月刊，第一卷第二號，上海光華書局，1925 年 10 月 1 日。
《洪水》半月刊，第一卷第三號，上海光華書局，1925 年 10 月 16 日。
《洪水》半月刊，第一卷第四號，上海光華書局，1925 年 11 月 1 日。
《洪水週年增刊》，創造社出版部，1926 年。
《創造月刊》，第一卷第一期，創造社出版部，1926 年 3 月 16 日。
《創造月刊》，第一卷第二期，創造社出版部，1926 年 4 月 16 日。

《A11》週刊，第一卷第一期，創造社出版部，1926 年 4 月 26 日。
《洪水》第一卷合訂，上海光華書局，1926 年 6 月初版。（1927 年 4 月三版）
《洪水》第二卷合訂，創造社出版部，1926 年 12 月。
《幻洲》半月刊第一卷第一期，幻社，1926 年 10 月 1 日。
《幻洲》半月刊第一卷第五期，幻社，1926 年 12 月 1 日。
《幻洲》半月刊第一卷第六期，幻社，1926 年 12 月 16 日。
《北新半月刊》第五期，北新書局，1928 年 1 月 1 日。
《北新半月刊》第六期，北新書局，1928 年 1 月 16。日。
《現代小說》第一卷第一號，上海現代書局，1928 年 1 月 1 日。
《現代小說》第一卷第二號，上海現代書局，1928 年 2 月 1 日。
《現代小說》第一卷第三號，上海現代書局，1928 年 3 月 1 日。
《現代小說》第一卷第四號，上海現代書局，1928 年 4 月 1 日。
《現代小說》第一卷第五號，上海現代書局，1928 年 5 月 1 日。
《現代小說》第二卷彙訂，現代小說社，1928 年 2 月。
《現代小說》第二卷第一號，上海現代書局，1928 年 7 月 1 日。
《現代小說》第二卷第三號，上海現代書局，1929 年 4 月 1 日。
《現代小說》第二卷第四號，上海現代書局，1929 年 5 月 1 日。
《現代小說》第二卷第五號，上海現代書局，1929 年 6 月 1 日。
《現代小說》第二卷第六號，上海現代書局，1929 年 7 月 1 日。
《現代小說》第三卷第一期，上海現代書局，1929 年 10 月 15 日。
《現代小說》第三卷第二期，上海現代書局，1929 年 11 月 15 日。
《現代小說》第三卷第三期，上海現代書局，1929 年 12 月 15 日。
《現代小說》第三卷第四期，上海現代書局，1930 年 1 月 15 日。
《戈壁》半月刊創刊號，光華書局，1928 年 5 月 1 日。
《戈壁》半月刊第二期，光華書局，1928 年 5 月 15 日。
《戈壁》半月刊第三期，光華書局，1928 年 6 月 1 日。
《戈壁》半月刊第四期，光華書局，1928 年 6 月 15 日。
《上海漫畫》，上海美術刊行社，1928 年－ 1929 年。
《藏書票之話》，齋藤昌三，東京文藝市場社，1929 年 7 月 20 日。
《現代文學評論》，第 1 卷第 3 期，現代書局，1931 年 6 月 10 日。
《現代》，第 2 卷第 1 期，現代書局，1932 年 11 月 1 日。

《現代》，第 2 卷第 2 期，現代書局，1932 年 12 月 1 日。
《現代》，第 3 卷第 5 期，現代書局，1933 年 9 月 1 日。
《現代》，第 4 卷第 2 期，現代書局，1933 年 12 月 1 日。
《日本藏書票協會昭和八年年報》，日本藏書票協會，昭和八年（1933 年）。
《萬象》，第一期，主編張光宇、葉靈鳳，時代圖書公司，1934 年 5 月 20 日。
《萬象》，第二期，主編張光宇、葉靈鳳，時代圖書公司，1934 年 6 月 20 日。
《萬象》，第三期，主編張光宇，時代圖書公司，1935 年 6 月。
《文藝畫報》，創刊號，文藝畫報社，1934 年 10 月 15 日。
《文藝畫報》，第 1 卷第 2 期，文藝畫報社，1934 年 12 月 15 日。
《六藝》，創刊號，六藝出版社，1936 年 2 月 15 日。
《六藝》，第一卷第二期，六藝出版社，1936 年 3 月 15 日。
《木刻界》，創刊號，現代牌畫會，1936 年 4 月 15 日。
《木刻界》，第四期，現代牌畫會，1936 年 7 月 5 日。
《論語》半月刊，第九十六期，上海時代圖書公司，1936 年 9 月 16 日。
《救亡日報》，第 863 號，上海市文化界救亡協會，1940 年 5 月 25 日。
《救亡日報》，第 864 號，上海市文化界救亡協會，1940 年 5 月 26 日。
《哥耶畫冊 GOYA》，新藝社，1940 年 10 月。
《大眾周報》，第二卷第二十二號，第 48 期，南方出版社，昭和十九年（1944 年）2 月 26 日。
《大眾周報》，第二卷第二十五號，第 51 期，南方出版社，昭和十九年（1944 年）3 月 18 日。
《大眾周報》，第三卷第十七號，第 69 期，南方出版社，昭和十九年（1944 年）7 月 22 日。
《大眾周報》，第四卷第一號，第 79 期，南方出版社，昭和十九年（1944 年）10 月 5 日。
《香島月報》，第一期，香島日報，1945 年 7 月。
《香島月報》，第二期，香島日報，1945 年 8 月。
《新中華畫報》，第四期，葉林豐《宋皇臺滄桑史》，中華畫報社，1952 年 4 月。
《新中華畫報》，第五期，葉林豐《偉大的天才達文西》，中華畫報社，1952 年 5 月。

《新中華畫報》，第十期，葉林豐《萬里長城》，中華畫報社，1952 年 10 月。
《星島日報》，副刊「星座」《新界史話》之〈屏山紅水橋的故事（一）〉，1952 年 12 月 16 日
《星島日報》，副刊「星座」《新界史話》之〈青山與杯渡禪師（八）〉，1952 年 12 月 26 日
《星島日報》，副刊「星座」《香海拾零》，葉林豐，1953 年 8 月 17 日。
《星島日報》，靈鳳《讀書隨筆》，《郁達夫的遲桂花》，1956 年 3 月 2 日。
《星島日報》，靈鳳《讀書隨筆》，《收藏眼睛的人（上）》，1956 年 3 月 4 日。
《星島日報》，靈鳳《讀書隨筆》，《收藏眼睛的人（下）》，1956 年 3 月 5 日。
《星島日報》，靈鳳《讀書隨筆》，《寂寞的紅棉》，1956 年 3 月 6 日。
《星島日報》，靈鳳《讀書隨筆》，《王爾德的兒子》，1956 年 3 月 6 日。
《小畫報》，第 47 期，葉林豐《香港史話：張保仔二三事》，聯亞廣告企業，1956 年 12 月 25 日。
《文藝世紀》月刊，1957 年 10 月號《魯迅先生逝世 21 週年紀念特輯》，上海書局，1957 年 10 月 1 日。
《文藝世紀》月刊，1957 年 11 月號，上海書局，1957 年 11 月 1 日。
《文藝世紀》月刊，1963 年 1 月號，麗文出版社，1963 年 1 月 1 日。
《文藝世紀》月刊，1965 年 1 月號，麗文出版社，1965 年 1 月。
《文藝世紀》月刊，1965 年 4 月號，麗文出版社，1965 年 4 月 1 日。
《新晚報》，霜崖《霜紅室隨筆》-《老當益壯的畢加索》，1959 年 7 月 24 日。
《新晚報》，霜崖《霜紅室隨筆》-《介紹新雨集》，1961 年 4 月 3 日。
《新晚報》，霜崖《霜紅室隨筆》-《香港八景之今昔》，1963 年 1 月 8 日。
《新晚報》，霜崖《霜紅室隨筆》-《早年香港的面貌》，1963 年 4 月 17 日。
《新晚報》，霜崖《霜紅室隨筆》-〈香港天文台〉，1963 年 5 月 22 日。
《四季》創刊號，四季編輯委員會，1972 年 11 月。
《海洋文藝》雙月刊，第一卷第一期，海洋文藝社，1974 年 4 月。
《海洋文藝》雙月刊，第一卷第二期，海洋文藝社，1974 年 6 月。
《30 年代左翼文藝資料選編》，四川人民出版社，1980 年 11 月初版。

3. 其他作者的文章及著作

顧炳章：《勘建九龍城砲台全案文牘》，廣東中山圖書館藏，道光二十九年（1849年）。

周全平：《夢裏的微笑》，光華書局，1925年12月初版。

郭沫若：《少年維特之煩惱》，創造社，1928年。

郭沫若：《創造十年》，上海現代書局，1932年。

穆時英：《南北極》，現代書局，1933年1月20月初版。

麥綬萊勒：《木刻連環圖畫故事：光明的追求》，葉靈鳳序，上海良友圖書，1933年9月1日。

趙錫年：《趙氏族譜》，香港趙揚名閣石印局，1937年8月。

趙錫年：《趙氏宗室廣東新會三江支系譜》，香港趙揚名閣石印局，1937年8月。

陳公哲：《香港指南》，商務印書館（香港），1938年。

魯迅：《吶喊》，魯迅全集出版社，1939年11月30日。

魯迅：《魯迅散文集》，上海全球書局，1941年5月再版。

魯迅：《魯迅小說裏的人物》，上海出版公司，1954年4月初版。

魯迅：魯迅全集第四卷，人民文學出版社，1981年初版。

沅君女士等：《慈母》，盛京書店，康德8年（1941年）11月10日。

沅君女士等：《慈母》，盛京書店，康德9年（1942年）8月1日。

羅拔高：《山城雨景》，香港華僑日報社，1944年9月1日初版。

黎晉偉：《香港百年史》，南中編譯出版社，1948年。

上海潮鋒出版社：《哀樂中年》劇本，編導桑弧，文學者叢刊之七，1949年2月。

解放日報：《哀樂中年》廣告，《解放日報》，1949年7月8日。

解放日報：《哀樂中年》電影廣告，1949年7月10日。

文華影片公司：《哀樂中年》全部對白本事，編導桑弧，1949年7月。

侶倫：無名草，虹運出版社，1950年12月初版。

侶倫：向水屋筆語，三聯書店（香港），1985年7月初版。

許廣平：《關於魯迅的生活》，人民文學出版社，1954年6月初版。

簡又文：《宋末二帝南遷輦路考》，猛進書屋叢書，約1957年。

簡又文：《宋皇臺紀念集》，香港趙族宗親總會刊行，1960年3月。

羅香林：《一八四二年以前之香港及其對外交通》，中國學社，1959年。

卜迦丘：《十日談》，翻譯方平、王科一，上海文藝出版社，1959年6月。

饒宗頤：《九龍與宋季史料》，萬有圖書公司，1959年11月初版。
饒宗頤：《香港史論集》，鄭煒明編，2019年2月。
饒宗頤：《饒宗頤香港史論集》，鄭煒明編，中華書局（香港），2019年2月初版。
文慶等纂：《籌辦夷務始末》（道光朝），文海出版社，1970年。
黃俊東：《獵書小記》，明商出版，1979年。
魯言：《香港掌故》第二集，廣角鏡出版社，1979年1月。
魯金：《九龍城寨史話》，三聯書店（香港），1988年12月初版。
九龍樂善堂編輯委員會：《九龍樂善堂百年史實》，1981年。
科大衛、陸鴻基、吳倫霓霞編：《香港碑銘彙編》第一冊，香港市政局出版，1986年。
劉蜀永：《勘建九龍城砲台文牘選》，載《近代史資料》，中國社會科學出版社，1989年7月。
霍啟昌：〈《勘建九龍城砲台全案文牘》的史料價值〉，載《香港中國近代史學會會刊》第三期，1989年11月。
余元康：《余元康藏書票作品集》，東京吾八書為，1989年10月8日初版。
香港藏書票協會：《國際藏書票精選》，三聯書店（香港），1991年10月初版。
台灣聯合報：《哀樂中年》首篇劇本，編者張愛玲，1990年9月30日。
台灣聯合報：《哀樂中年》第十六篇劇本，編者張愛玲，1990年10月16日。
李歐梵著，尹慧珉譯：《鐵屋中的吶喊》：三聯書店（香港），1991年3月。
劉蜀永：《九龍城問題始末》，載《近代史研究》，近代史研究編輯部，1994年第6期。
梁炳華：《城寨與中英外交》，麒麟書業，1995。
絲韋：《葉靈鳳卷（香港文叢）》，三聯書店（香港），1995年6月初版。
陳子善：私語張愛玲，浙江文藝出版社，1995年11月。
陳德勛：《香港雜記——外二種》，暨南大學，1996年5月。
鄧駿捷、楊詠詩：《薪火集——澳門大學中國文化論文選》，澳門寫作學會，1996年9月初版。
陳君葆：《陳君葆日記》，謝榮滾主編，商務印書館（香港），1999年
柯靈主編、許道明編選：《撒但的工程——《創造》《洪水》《幻洲》萃編》，上海古籍出版社，2000年9月初版。
陳子善：《說不盡的張愛玲》，遠景，2001年

陳子善：《看張及其他》，中華書局，2009年

陳子善：《上海的美麗時光》，秀威資訊科技，2009年3月初版。

陳子善編：《比亞茲萊在中國》，三聯書店（北京），2019年。

陳子善：《識小錄》，廣西師大，2023年。

趙雨樂、鍾寶賢編：《九龍城》，三聯書店（香港），2001年。

李廣宇：《葉靈鳳傳》，石家莊河北教育，2003年5月初版。

李廣宇：《鳳兮鳳兮》，法律出版社，2023年6月初版。

李廣宇：《南國紅豆最相思》，法律出版社，2023年6月初版。

李廣宇：《葉靈鳳新傳》，中華書局（香港），2024年7月初版。:

李廣宇：《鳳兮鳳兮葉靈鳳》，中華書局（香港），2024年6月初版。

劉潤和等：《九龍城區風物志》，九龍城區議會，萬里機構，2005年。

鄭寶鴻：《香江冷月：香港的日治時代》，香港大學美術博物館，2006年4月。

鄭寶鴻：《香江半島：香港的早期九龍風光》，香港大學美術博物館，2007年12月。

廣東省檔案館編：《香港九龍城寨檔案史料選編》，中國檔案出版社，2007年。

蘇偉貞：《魚往雁返：張愛玲的書信因緣》，台灣允晨文化，2007年2月初版。

蘇偉貞：《長鏡頭下的張愛玲》，上海文藝出版社，2012。

羅孚著、馮偉才編：《香港當代作家作品選集・羅孚卷》，天地圖書，2015年。

陳國球主編：《香港文學大系1919－1949・文學史料卷一》，商務印書館（香港），2016年

陳國球主編：《香港文學大系1919－1949・評論卷一》，商務印書館（香港），2016年

蔡登山：《一生兩世》，北京出版，2018年。

陳智德：《板蕩時代的抒情：抗戰時期的香港與文學》，中華書局（香港），2018年。

趙稀方：《報刊香港：歷史語境與文學場域》，三聯書店（香港），2019年。

小思：《香港文學散步（第三次修訂）》，商務印書館（香港），2019年9月。

樊善標：《諦聽雜音：報紙副刊與香港文學生產（1930至1960年代）》，北京中華書局，2019年。

鄭樹森、黃繼持、盧瑋鑾：《香港新文學年表》，天地圖書，2000年。

吳邦謀：《張愛玲在香港》，商務印書館（香港），2025年7月初版。

吳邦謀：《再看啟德・從日佔時期說起》，共和媒體有限公司，2009年4月初版。

吳邦謀：《香港航空125年》，中華書局（香港），2015年7月初版。

九龍城區議會：《追憶龍城蛻變》，思網絡，2011 年。

方寬烈：《葉靈鳳作品評論集》，香港文學評論，2011 年 11 月初版

方寬烈：《鳳兮鳳兮葉靈鳳》，海峽及福建教育，2013 年 11 月初版。

鍾寶賢、高添強：《「龍津橋及其鄰近區域」歷史研究》，2012 年 12 月。

盧瑋鑾、鄭樹森主編 熊志琴編校：《淪陷時期香港文學作品選 —— 葉靈鳳、戴望舒合集》，天地圖書，2013 年 6 月初版。

盧瑋鑾、鄭樹森主編　熊志琴編校：《淪陷時期香港文學資料選（一九四一至一九四五年）》，天地圖書，2017 年 3 月初版。

香港史學會：《文物古蹟中的香港史》，2014 年 7 月。

黃念欣主編：《香港文學大系 1919－1949：小說卷二》，商務印書館（香港），2015 年 7 月。

鄭明仁：《淪陷時期香港報業與「漢奸」》，練習文化實驗室，2017 年 4 月初版。

黃佩佳：《香港本土風光》，沈思編校，商務印書館（香港），2017 年 9 月

劉蜀永及劉智鵬：《方志中的古代香港：《新安縣志》香港史料選》，2020 年 9 月。

齋藤昌三著、魏大海譯：《藏書票之話》，金城出版社，2021 年 8 月初版。

劉以鬯：《同道心影 —— 記憶中的文友》，中華書局（香港），2023 年 7 月。

香港收藏家協會：《香港收藏家協會 25 周年銀禧紀念特刊》，初文出版社，2022 年 1 月初版。

香港收藏家協會：《香港收藏家協會 30 周年紀念特刊》，初文出版社，2024 年 7 月初版。

鳴謝

蒙以下人士及機構協助本書的出版，謹此致謝。
(排名不分先後)

葉中敏女士
葉中慧女士
葉中輝先生
葉中美女士
葉中嫻女士
葉超駿先生
黃桂華女士
何文慧女士
黃汝文先生
黃碧華女士
盧瑋鑾女士
李廣宇先生
陳子善教授
許鞍華導演
孫甘露先生
周立民先生
黃念欣教授
張詠梅博士
李麗芳女士
葉勇先生
許迪鏘先生
謝凌潔貞女士
管樂女士
余元康先生
熊美儀女士
余淑貞女士

吳凱程小姐

蘇賡哲博士

鄭明仁先生

許禮平先生

陳越遙小姐

李偉雄先生

廖順光先生

林順杭先生

黎漢傑先生

廖雋然先生

葉國威先生

香港中文大學

香港大學

上海巴金圖書館

上海作家協會

上海市檔案館

香港收藏家協會

香港藏書票協會

新亞圖書中心

老總書房

神州舊書文玩有限公司

真香港文史地收藏谷

明報有限公司

三劍俠舊書拍賣

512 平價書攤

我的書房舊書拍賣群組

孔夫子舊書網

古音坊

大業藝術書店

九龍舊書店

初文出版社